Häkeln
Techniken · Häkelmuster · Grundmodelle

Jan Eaton

Häkeln

Techniken · Häkelmuster · Grundmodelle

Weltbild

Titel der Originalausgabe
The Encyclopedia of Crochet Techniques
Copyright © 2006 by Quarto Publishing plc

Deutsche Erstausgabe

Copyright © 2007 der deutschen Übersetzung by
Verlagsgruppe Weltbild GmbH, Steinerne Furt, 86167 Augsburg
Übersetzung, Koordination und Bearbeitung der
deutschen Ausgabe: Helene Weinold-Leipold, Violau
Fotografien: Phil Wilkins, Martin Norris
Illustrationen: Kuo Kang Chen, Coral Mula
Häkelschriften: Betty Barnden
Satz der deutschen Ausgabe: Undercover, Augsburg
Umschlaggestaltung: Atelier Lehmacher, Friedberg (Bay.)
Gesamtherstellung: SNP Leefung Printers Limited, China
Printed in China

ISBN 978-3-8289-2572-4

Alle Rechte vorbehalten. Dieses Buch darf nur nach vorheriger
schriftlicher Zustimmung des Copyright-Inhabers vollständig
bzw. teilweise vervielfältigt, in einem Datenerfassungssystem
gespeichert oder mit elektronischen bzw. mechanischen
Hilfsmitteln, Fotokopierern oder Aufzeichnungsgeräten bzw.
anderweitig weiterverbreitet werden.

Einkaufen im Internet: www.weltbild.de

INHALT

So arbeiten Sie mit diesem Buch	6

1. Kapitel

GRUNDKURS HÄKELN — 8

Häkelnadeln, Garn und Zubehör	10
Grundtechniken	12
Maschenprobe	20
Faden ansetzen	22
Häkeln nach Anleitung und Grafik	24
Spannen und bügeln	26
Nähte	28

2. Kapitel

TECHNIKEN UND MUSTER — 30

Streifenmuster	32
Rippenmuster	34
Zu- und Abnahmen	36
Zusammen abgemaschte Maschen	38
Muscheln	40
Noppen	42
Popcornmaschen	44
Büschelmaschen	46
Schlingenmuster	48
Filet- und Spitzenmuster	52
Filethäkelei	54
Zackenmuster	58
Tiefgestochene Maschen	62
Reliefmaschen	64
Jacquardtechnik	66
Intarsientechnik	68
Schlauchförmige Häkelarbeiten	70
Kreisförmige Häkelmotive	72
Quadratmotive häkeln und verbinden	78
Sechsecke häkeln und verbinden	83
Tunesische Häkelei	88
Schlingenhäkelei	92
Gabelhäkelei	94
Bänder und Kordeln	96
Allerlei Verzierungen	98
Dekorative Kanten	102
Knopflöcher und Knopfschlaufen	104
Borten und Fransen	106
Häkeln auf Häkelgrund	110
Perlhäkelei	112
Pailletten einhäkeln	114

3. Kapitel

PROJEKTE — 116

Schal	118
Babydecke	120
Stola in Filethäkelei	122
Tasche mit Knopflochgriff	124
Topflappen in Intarsientechnik	126
Kissenhülle aus Sechsecken	128
Gestreifter Beutel	130

4. Kapitel

GALERIE — 132

Gehäkelte Kleidungsstücke	134
Mützen, Schals und Fäustlinge	136
Stolen, Ponchos und Dreieckstücher	138
Wohnaccessoires	140
Schmuck	142
Taschen	144
Puppen und Tiere	145
Häkelarbeiten pflegen	146
Abkürzungen und Häkelsymbole	148
Glossar	151
Eigene Modelle	153
Register	157
Quellennachweis	160

SO ARBEITEN SIE MIT DIESEM BUCH

Im Anfangskapitel dieses Buches lernen Sie alles, was Sie für den Einstieg in Ihr neues Handarbeitshobby wissen müssen. Wenn Sie die dort vorgestellten Grundlagen beherrschen, können Sie zum zweiten Kapitel „Techniken und Muster" übergehen, in dem Sie Ihr Wissen und Ihre Fertigkeiten erweitern. Jede Technik ist einzeln erklärt, sodass Sie herauspicken können, was Sie gerade brauchen, oder das Kapitel von Anfang bis Ende durcharbeiten können. Die beiden Kapitel „Projekte" und „Galerie" sollen Sie ermutigen, das Gelernte in die Praxis umzusetzen.

GRUNDKURS HÄKELN

Das Kapitel „Grundkurs Häkeln" führt Sie Schritt für Schritt in leicht verständlichen Texten und Bildfolgen an das Häkeln heran: von Material und Zubehör über das richtige Halten der Häkelnadel und des Garns bis hin zu den Grundmaschen, dem Häkeln nach Anleitung und dem Zusammennähen Ihrer Projekte. Anhand dieses Grundkurses erwerben Sie bereits erste Kenntnisse im Häkeln.

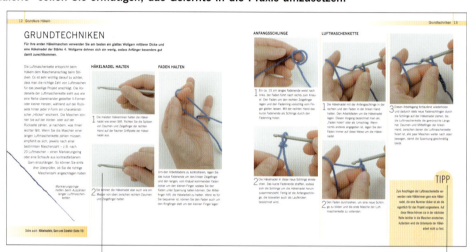

Schritt-für-Schritt-Anleitungen und informative Abbildungen erläutern jede Technik.

Nützliche Tipps sind über das ganze Buch verteilt.

PROJEKTE

In diesem Buch finden Sie sieben attraktive Projekte, angefangen bei einem einfachen Schal in einem reizvollen Lochmuster bis hin zu einer fantastischen gestreiften Tasche, die aus ganz unterschiedlichen Garnen in Runden gehäkelt ist. All diese Projekte sollen Ihnen Mut machen, die bereits erlernten Techniken auszuprobieren.

Jedes Projekt ist auf einem stilvoll gestalteten Foto abgebildet, das zum Nacharbeiten inspiriert.

Ausführliche Angaben zu Material, Maschenprobe, Größe und Arbeitsweise machen das Häkeln zum Kinderspiel.

So arbeiten Sie mit diesem Buch 7

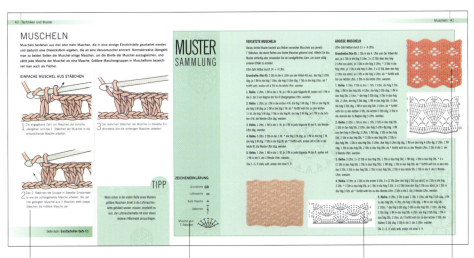

Illustrierte Schritt-für-Schritt-Anleitungen zeigen, wie die Maschen gearbeitet werden.

Eine Zeichenerklärung erläutert die Symbole, die in der Häkelschrift verwendet werden.

Die Muster werden sowohl im Anleitungstext erklärt, als auch in einer Häkelschrift dargestellt.

Eine Arbeitsprobe zeigt das fertig gehäkelte Muster.

TECHNIKEN UND MUSTER

Vom einfachsten Streifenmuster bis zu den filigranen Kunstwerken der Filethäkelei reicht das Spektrum des Kapitels „Techniken und Muster", das eine große Auswahl an Häkelmustern und -techniken umfasst. Es beginnt mit einfachen Mustern und Formen und beschreibt anschließend Strukturmuster und außergewöhnliche Techniken wie die Gabelhäkelei oder die tunesische Häkelei. Am Ende erfahren Sie, wie Sie Ihrem Häkelmodell mit Verzierungen wie Kordeln und Borten, Perlen und Pailletten den letzten Schliff verleihen. Jede Technik wird von einer Mustersammlung begleitet, die Sie anregen soll, das eben Gelernte in die Tat umzusetzen.

Jedes Modell wird mit Informationen über die Herstellungsweise vorgestellt.

Brillante Farbfotos dienen als Inspirationsquelle für Farbkombinationen, Muster und andere Anwendungsmöglichkeiten bei Ihren eigenen Projekten.

GALERIE

Dieses Kapitel stellt Ihnen die verschiedenen Möglichkeiten vor, die Häkeltechnik einzusetzen: von Spielsachen für Kinder über modische Kleidungsstücke bis hin zu außergewöhnlichen Designermodellen. Häkelarbeiten lassen sich äußerst vielseitig einsetzen: Sie können leicht, zart und spitzenartig, aber auch dick und strukturiert oder glatt und auf unterschiedliche Weise gemustert sein. Das Galerie-Kapitel ist in Kategorien wie Kleidung, Schmuck, Taschen und Spielsachen untergliedert, sodass Sie sich beim Durchblättern zu eigenen Werken inspirieren lassen können.

Anhang

Im Anhang finden Sie detaillierte Informationen über die Abkürzungen und Häkelsymbole in diesem Buch sowie Empfehlungen für Garne und die geeigneten Häkelnadelstärken. Im Glossar können Sie die Begriffe, die in diesem Buch verwendet werden, rasch nachschlagen. Und das Bezugsquellenverzeichnis führt einige Hersteller und Lieferanten von Häkelgarnen, Nadeln und anderem Zubehör auf.

1. Kapitel
GRUNDKURS HÄKELN

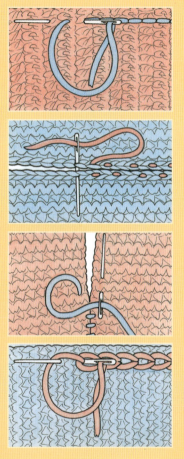

Dieses Kapitel stellt Ihnen alle Grundtechniken vor, die Sie beherrschen müssen, um mit dem Häkeln anzufangen. Es beginnt mit der Wahl von Garn und Häkelnadel, fährt mit der Erläuterung der Grundmaschen fort und erklärt, wie Sie nach Häkelanleitungen und Häkelschriften arbeiten. Wenn Sie noch nie oder schon lange nicht mehr gehäkelt haben, können Sie hier die grundlegenden Kenntnisse erwerben oder auffrischen.

HÄKELNADELN, GARN UND ZUBEHÖR

Um mit dem Häkeln zu beginnen, brauchen Sie nicht mehr als eine Häkelnadel und einen Knäuel Garn. Häkelnadeln gibt es in vielen Stärken und Materialien, und auch beim Garn können Sie aus einem breiten Spektrum an Materialien, Stärken, Farben und Preisklassen wählen. Entscheidend ist, dass Sie das richtige Garn für Ihr Projekt finden.

HÄKELNADELN

Häkelnadeln verschiedener Hersteller und aus unterschiedlichen Materialien können in Form und Größe stark voneinander abweichen, auch wenn sie laut Prägung oder Aufdruck ein und derselben Stärke entsprechen sollen. Zwar wird in den Häkelanleitungen immer eine bestimmte Nadelstärke empfohlen, doch brauchen Sie möglicherweise eine dickere oder dünnere Nadel, um auf die gleiche Maschenprobe wie in der Anleitung zu kommen. Entscheidend ist, wie die Nadel in der Hand liegt und ob sich das von Ihnen gewählte Garn gut damit verarbeiten lässt.

Wenn Sie Ihre Lieblingsmarke für Häkelnadeln gefunden haben, sollten Sie am besten gleich mehrere Nadeln in unterschiedlichen Stärken kaufen, um sie stets zur Hand zu haben. Bewahren Sie Ihre Häkelnadeln in einem sauberen Behältnis auf, beispielsweise in einer Kosmetiktasche. Wenn sich eine Häkelnadel fettig oder klebrig anfühlt, waschen Sie sie mit warmem Wasser und etwas Spülmittel, spülen sie mit klarem Wasser ab und trocknen sie gut ab.

Spezielle Häkelnadeln

Eine Auswahl an Häkelnadeln aus Aluminium, Kunststoff, Bambus und Kunstharz

▶ WOLLHÄKELNADELN
Die gebräuchlichsten Häkelnadeln bestehen aus Aluminium oder Kunststoff und werden in vielen Stärken für die verschiedenen Garne angeboten. Daneben gibt es außerdem Häkelnadeln aus Bambus, Holz oder Horn, zum Teil mit dekorativ verzierten Griffen.

Garnhäkelnadeln

▶ GARNHÄKELNADELN
Feine Stahlhäkelnadeln verwendet man vor allem für die Arbeit mit dünnen Baumwollgarnen. Oft haben sie einen Plastikgriff, damit sie besser in der Hand liegen.

◀ SPEZIELLE HÄKELNADELN
Spezialhäkelnadeln mit besonders handlichem Griff sind eine sinnvolle Bereicherung Ihres Nadelsortiments. Praktisch sind auch Häkelnadeln, die an beiden Enden Häkchen unterschiedlicher Stärke haben.

TIPP

Lauflängen und Nadelstärken

Glatte Woll- und Wollmischgarne der folgenden Lauflängen je 50-g-Knäuel können im Allgemeinen mit Nadeln der angegebenen Stärke verhäkelt werden:

Lauflänge (50 g)	Nadelstärke
250 m	2–2,5
200–210 m	2–3
100–150 m	3–4
80–90 m	4–5
50–75 m	6–8

Häkelnadeln, Garn und Zubehör

GARNE

Es gibt viele Garne von feinsten Baumwollfäden bis zu dicker Wolle, die sich zum Häkeln eignen. Die Garne können aus einer einzigen Faserart oder aus einer Mischung aus zwei oder drei Faserarten in unterschiedlichen Mengenverhältnissen bestehen. Anfänger tun sich mit mittelstark oder stark gezwirnten, glatten Garnen am leichtesten.

Woll- und Wollmischgarne mit hohem Schurwollanteil lassen sich angenehm verhäkeln, weil sie ein wenig dehnbar sind und sich deshalb die Spitze der Häkelnadel leicht in die Maschen einstechen lässt. Seidengarne schimmern wundervoll, sind aber weniger elastisch als Woll- oder Baumwollgarne und zudem deutlich teurer. Garne aus Baumwolle oder Leinen sind strapazierfähig und fühlen sich beim Tragen kühl an, können aber mit anderen Fasern gemischt sein, damit das Garn weicher wird. Hundertprozentige Kunstfasergarne, etwa aus Polyacryl oder Polyamid, kosten im Allgemeinen weniger als Naturfasergarne, können aber beim Tragen Knötchen bilden oder aus der Form geraten. Eine gute Wahl ist daher ein Garn aus Naturfasern wie Wolle oder Baumwolle mit einem geringen Synthetikanteil.

Garne werden fast immer nach Gewicht und nicht nach Länge verkauft, wenngleich auf der Banderole oder dem Einstecketikett heute normalerweise die Lauflänge pro Knäuel angegeben ist. Die meisten Garne werden in Form von Knäueln angeboten. Seltener findet man Stränge, die man vor dem Häkeln von Hand zu Knäueln aufwickeln muss.

Häkelgarne können aus Natur- oder Synthetikfasern oder einer Fasernmischung bestehen.

▸ WOLLNADELN
Wollnadeln haben ein großes Öhr und eine stumpfe Spitze, die gerade oder leicht gebogen sein kann. Es gibt sie in verschiedenen Größen. Man braucht sie zum Vernähen von Fadenenden oder zum Zusammennähen.

▸ STECKNADELN
Lange Stecknadeln mit großen Köpfen eignen sich gut zum Spannen oder Zusammenstecken von Häkelteilen, weil die Köpfe nicht zwischen den Häkelmaschen verschwinden.

▸ MASSBAND
Kaufen Sie sich ein hochwertiges Maßband mit einer gut ablesbaren Zentimeterskala und ersetzen Sie es, sobald es sich abnutzt oder ausfranst. Ein altes Maßband kann gedehnt sein und liefert dann ungenaue Messergebnisse.

▾ SCHARFE SCHERE
Zum Abschneiden des Garnes und der Fadenenden brauchen Sie eine spitze und scharfe Schere.

Nadeldose

Wollnadeln mit gebogener Spitze

Wollnadeln mit gerader Spitze

Stecknadeln mit großen Köpfen

Maßbänder

Handarbeitsschere

GRUNDTECHNIKEN

Für Ihre ersten Häkelmaschen verwenden Sie am besten ein glattes Wollgarn mittlerer Dicke und eine Häkelnadel der Stärke 4. Wollgarne dehnen sich ein wenig, sodass Anfänger besonders gut damit zurechtkommen.

Die Luftmaschenkette entspricht beim Häkeln dem Maschenanschlag beim Stricken. Es ist sehr wichtig darauf zu achten, dass man die richtige Zahl von Luftmaschen für das jeweilige Projekt anschlägt. Die Vorderseite der Luftmaschenkette sieht aus wie eine Reihe übereinander gestellter V-Formen oder kleiner Herzen, während auf der Rückseite hinter jeder V-Form ein charakteristischer „Höcker" erscheint. Die Maschen können Sie auf der Vorder- oder auf der Rückseite zählen, je nachdem, was Ihnen leichter fällt. Wenn Sie die Maschen einer langen Luftmaschenkette zählen müssen, empfiehlt es sich, jeweils nach einer bestimmten Maschenzahl – z.B. nach 20 Luftmaschen – einen Markierungsring oder eine Schlaufe aus kontrastfarbenem Garn einzuhängen. So können Sie einfacher überprüfen, ob Sie die richtige Maschenzahl angeschlagen haben.

Markierungsringe helfen beim Auszählen langer Luftmaschenketten.

Siehe auch: Häkelnadeln, Garn und Zubehör (Seite 10)

HÄKELNADEL HALTEN

1 Die meisten Häklerinnen halten die Häkelnadel wie einen Stift. Richten Sie die Spitzen von Daumen und Zeigefinger der rechten Hand auf der flachen Griffplatte der Häkelnadel aus.

2 Sie können die Häkelnadel aber auch wie ein Messer von oben zwischen rechtem Daumen und Zeigefinger halten.

FADEN HALTEN

Um den Arbeitsfadens zu kontrollieren, legen Sie das kurze Fadenende um den linken Zeigefinger und den langen, vom Knäuel kommenden Faden locker um den kleinen Finger, sodass Sie den Faden unter Spannung halten können. Der Mittelfinger hilft, die Häkelarbeit zu halten. Wenn es für Sie bequemer ist, können Sie den Faden auch um den Ringfinger statt um den kleinen Finger legen.

Grundtechniken 13

ANFANGSSCHLINGE

1 Ein ca. 15 cm langes Fadenende weist nach links, der Faden führt nach rechts zum Knäuel. Den Faden um den rechten Zeigefinger legen und den Fadenring vorsichtig vom Finger gleiten lassen. Mit der rechten Hand das kurze Fadenende als Schlinge durch den Fadenring holen.

2 Die Häkelnadel in diese neue Schlinge einstechen. Das kurze Fadenende straffen, sodass sich die Schlinge um die Häkelnadel herum zusammenzieht: Fertig ist die Anfangsschlinge, die bisweilen auch als Laufknoten bezeichnet wird.

LUFTMASCHENKETTE

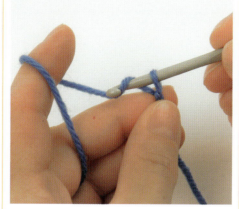

1 Die Häkelnadel mit der Anfangsschlinge in der rechten und den Faden in der linken Hand halten. Den Arbeitsfaden um die Häkelnadel legen. Diesen Vorgang bezeichnet man als „Faden holen" oder als Umschlag. Wenn nichts anderes angegeben ist, legen Sie den Faden immer auf diese Weise um die Häkelnadel.

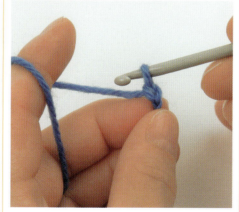

2 Den Faden durchziehen, um eine neue Schlinge zu bilden und die erste Masche der Luftmaschenkette zu vollenden.

3 Diesen Arbeitsgang fortlaufend wiederholen und dadurch stets neue Fadenschlingen durch die Schlinge auf der Häkelnadel ziehen, bis die Luftmaschenkette die gewünschte Länge hat. Daumen und Mittelfinger der linken Hand, zwischen denen die Luftmaschenkette fixiert ist, alle paar Maschen weiter nach oben bewegen, damit die Spannung gleichmäßig bleibt.

TIPP

Zum Anschlagen der Luftmaschenkette verwenden viele Häklerinnen gern eine Häkelnadel, die eine Nummer dicker ist als die eigentlich für das Projekt vorgesehene. Auf diese Weise können sie in der nächsten Reihe leichter in die Maschen einstechen. Außerdem wird die Unterkante der Häkelarbeit nicht zu fest.

LUFTMASCHEN ZÄHLEN

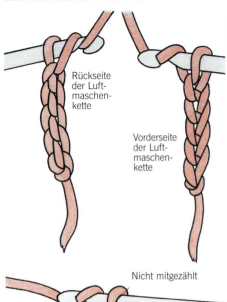

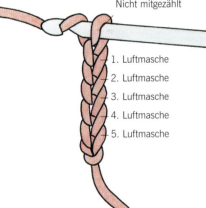

Zählen Sie jede V-Form auf der Vorderseite der Luftmaschenkette als eine Luftmasche; die Schlinge auf der Häkelnadel zählt jedoch nicht mit. Wenn es Ihnen leichter fällt, drehen Sie die Luftmaschenkette um und zählen die Maschen auf der Rückseite.

IN DIE LUFTMASCHENKETTE HÄKELN

1 Nun können Sie Ihre erste Maschenreihe in die Luftmaschenkette häkeln. Es gibt verschiedene Möglichkeiten, in die Luftmaschenkette einzustechen, doch die hier gezeigte ist die für Anfänger einfachste, wenngleich die Häkelarbeit dadurch eine ziemlich lockere Kante bekommt. Halten Sie die Luftmaschenkette so, dass die Vorderseite zu Ihnen weist. Dann stechen Sie die Häkelnadel in das obere Maschenglied der entsprechenden Luftmasche ein und arbeiten die erste Masche, wie in der Anleitung angegeben.

2 Um die Kante so fest und sauber zu arbeiten, dass sie später nicht umhäkelt werden muss, drehen Sie die Luftmaschenkette so, dass die Rückseite zu Ihnen zeigt. Arbeiten Sie die erste Maschenreihe, wie in der Anleitung angegeben, und stechen Sie stets in den „Höcker" auf der Rückseite jeder Luftmasche ein.

Wendeluftmaschen

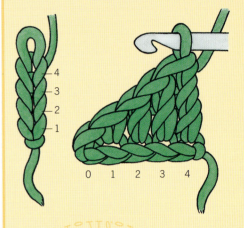

Beim Häkeln in Reihen oder Runden müssen Sie am Beginn jeder Reihe oder Runde eine bestimmte Zahl zusätzlicher Luftmaschen häkeln. Diese Extra-Luftmaschen bringen die Häkelnadel auf die richtige Höhe für die jeweilige Maschenart, die Sie als nächste häkeln wollen. Wenn die Arbeit am Ende einer geraden Reihe gewendet wird, nennt man die zusätzlichen Luftmaschen Wendeluftmaschen, wenn sie am Beginn einer Runde gearbeitet werden, bezeichnet man sie als Anfangsluftmaschen. Die Grafik oben zeigt die Zahl der Luftmaschen, die für die verschiedenen Maschenarten erforderlich sind. Wenn Sie dazu neigen, Luftmaschen sehr fest zu häkeln, kann es sein, dass Sie eine zusätzliche Luftmasche häkeln müssen, damit die Ränder Ihrer Häkelarbeit nicht zu fest werden.

Grundtechniken 15

KETTMASCHE

feste Masche	1 Wendeluftmasche
halbes Stäbchen	2 Wendeluftmaschen
Stäbchen	3 Wendeluftmaschen
Doppelstäbchen	4 Wendeluftmaschen

Die Wende- oder Anfangsluftmasche zählt normalerweise als erste Masche der Reihe. Lediglich beim Häkeln fester Maschen bleibt die einzelne Wendeluftmasche unberücksichtigt. Steht beispielsweise in der Anleitung am Beginn einer Reihe oder Runde „4 Lftm (für das 1. DStb)", so bedeutet das, dass die Wende- oder Anfangsluftmaschenkette vier Luftmaschen umfasst, die einem Doppelstäbchen entsprechen. Eine Wende- oder Anfangsluftmaschenkette kann länger sein, als für die jeweilige Maschenart erforderlich; in diesem Fall zählen die Luftmaschen als 1 Masche plus eine bestimmte Anzahl zusätzlicher Luftmaschen. Die Angabe „6 Lftm (für das 1. DStb + 2 Lftm)" besagt demnach, dass die Luftmaschenkette am Reihen- oder Rundenbeginn einem Doppelstäbchen und zwei zusätzlichen Luftmaschen entspricht.

Am Ende der Reihe oder Runde wird die letzte Masche normalerweise in die Wende- oder Anfangsluftmasche(n) der Vorreihe oder -runde gehäkelt. Diese letzte Masche kann in die oberste Wende- oder Anfangsluftmasche oder in eine andere Masche der Kette gearbeitet werden, die in der Anleitung genannt ist. Die Angabe „1 Stb in die 3. der 3 Lftm" bedeutet zum Beispiel, dass die letzte Masche ein Stäbchen ist, das in die 3. Masche der Wende- oder Anfangsluftmaschenkette gehäkelt wird.

Die Kettmasche wird nur selten zum Häkeln der eigentlichen Arbeit verwendet. Stattdessen dient sie zum Schließen von Häkelrunden und dazu, Häkelnadel und Faden über eine Gruppe bereits existierender Maschen zu einer neuen Position zu bewegen. Um eine Kettmasche in die Luftmaschenkette zu häkeln, stechen Sie die Häkelnadel von vorne nach hinten unter der obersten Schlinge der 2. Luftmasche von der Häkelnadel aus ein. Den Faden holen und sowohl durch die Luftmasche als auch durch die Schlinge auf der Häkelnadel ziehen. Damit ist die Kettmasche fertig; auf der Häkelnadel bleibt eine Schlinge.

TIPP

Wenn Sie Kettmaschen häkeln, um eine Häkelrunde zu schließen oder Häkelnadel und Faden zu einer neuen Position zu bewegen, dürfen Sie die Kettmaschen nicht zu fest anziehen, damit die Häkelarbeit keine Falten wirft.

FESTE MASCHE

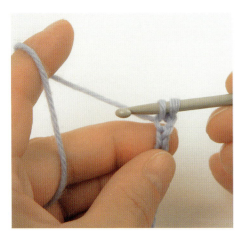

1. Die Luftmaschenkette anschlagen und die Häkelnadel von vorne nach hinten unter dem oberen Glied der 2. Luftmasche von der Häkelnadel aus einstechen. Den Faden holen und durch die 1. Schlinge ziehen. Es bleiben 2 Schlingen auf der Häkelnadel.

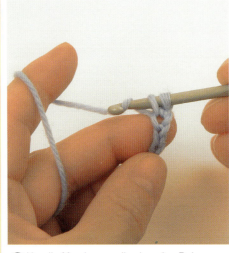

2. Um die Masche zu vollenden, den Faden holen und durch beide Schlingen auf der Häkelnadel ziehen (= abmaschen). Auf diese Weise die Reihe entlang weiterhäkeln und in jede Luftmasche der Anschlagkette 1 feste Masche arbeiten.

4. Am Beginn der Reihe die Häkelnadel von vorne nach hinten unter beiden Maschengliedern der ersten festen Masche einstechen. In jede Masche der Vorreihe eine feste Masche häkeln und die letzte feste Masche in die letzte Masche der Vorreihe, jedoch nicht in die Wendeluftmasche arbeiten.

Feste Maschen

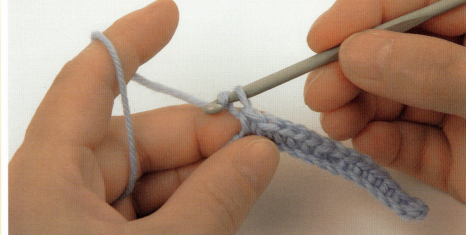

3. Am Ende der Reihe wenden und 1 Wendeluftmasche häkeln. (Denken Sie daran, dass diese Luftmasche nicht als Masche zählt.)

HALBES STÄBCHEN

1 Den Faden einmal um die Häkelnadel legen (= 1 Umschlag) und die Häkelnadel von vorn nach hinten in die Arbeit einstechen (am Beginn der 1. Reihe unter dem oberen Glied der 3. Luftmasche von der Häkelnadel aus einstechen).

2 Den Faden durch die Luftmasche holen, sodass nun 3 Schlingen auf der Häkelnadel liegen.

3 Den Faden holen und durch alle 3 Schlingen auf der Häkelnadel ziehen (= abmaschen). Eine Schlinge bleibt auf der Häkelnadel, und ein halbes Stäbchen ist fertig.

4 Die Reihe entlang weiterhäkeln und in jede Luftmasche ein halbes Stäbchen arbeiten. Am Reihenende mit zwei Luftmaschen wenden.

5 Am Beginn der neuen Reihe das 1. halbe Stäbchen übergehen, den Faden um die Häkelnadel legen (= 1 Umschlag) von vorne nach hinten unter beiden Gliedern der 2. Masche der Vorreihe einstechen und in jede Masche der Vorreihe ein halbes Stäbchen arbeiten wie zuvor. Am Reihenende die letzte Masche in die oberste Wendeluftmasche häkeln.

Halbe Stäbchen

STÄBCHEN

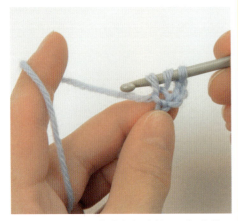

1 Den Faden um die Häkelnadel legen (= 1 Umschlag) und die Häkelnadel von vorne nach hinten in die Arbeit einstechen (am Beginn der 1. Reihe unter dem oberen Glied der 4. Luftmasche von der Häkelnadel aus einstechen). Den Faden durch die Luftmasche holen (= 3 Schlingen auf der Häkelnadel).

2 Den Faden holen und durch die ersten 2 Schlingen auf der Häkelnadel ziehen. 2 Schlingen bleiben auf der Häkelnadel.

4 Am Ende der Reihe mit 3 Luftmaschen wenden.

Stäbchen

3 Den Faden noch einmal holen und durch die 2 Schlingen auf der Häkelnadel ziehen. (Oft steht dazu in Anleitungen: Die Schlingen paarweise abmaschen.) Damit ist das Stäbchen fertig. Auf der Häkelnadel bleibt eine Schlinge.

5 Das 1. Stäbchen am Reihenbeginn übergehen, dann den Faden um die Häkelnadel legen (= 1 Umschlag), die Häkelnadel von vorne nach hinten unter beiden Gliedern der 2. Masche der Vorreihe einstechen und je 1 Stäbchen in jede Masche der Vorreihe häkeln. Am Reihenende das letzte Stäbchen in die oberste Wendeluftmasche arbeiten.

DOPPELSTÄBCHEN

1. Den Faden 2 x um die Häkelnadel legen (= 2 Umschläge). Die Häkelnadel von vorne nach hinten in die Arbeit einstechen (am Beginn der 1. Reihe unter dem obersten Glied der 5. Luftmasche von der Häkelnadel aus einstechen). Den Faden holen und durchziehen, sodass nun 4 Schlingen auf der Häkelnadel liegen. Den Faden ein weiteres Mal holen.

2. Wie beim Stäbchen (siehe Seite 18) die Schlingen paarweise abmaschen: den Faden durch 2 Schlingen ziehen (= 3 Schlingen auf der Häkelnadel), dann den Faden noch einmal holen und wieder durch 2 Schlingen ziehen (= 2 Schlingen auf der Häkelnadel).

3. Um die Masche zu vollenden, den Faden noch einmal holen und durch die letzten 2 Schlingen auf der Häkelnadel ziehen. Das Doppelstäbchen ist fertig, und auf der Häkelnadel bleibt 1 Schlinge.

4. Am Beginn der nächsten und jeder folgenden Reihe 4 Wendeluftmaschen arbeiten, dann den Faden 2 x um die Häkelnadel legen und in die 2. Masche der Reihe einstechen. Am Ende jeder Reihe die letzte Masche in die oberste Wendeluftmasche arbeiten.

Doppelstäbchen

MASCHENPROBE

Der Begriff „Maschenprobe" bezieht sich auf die Zahl der Maschen und Reihen auf eine vorgegebene Breite und Höhe der Häkelarbeit. In Häkelanleitungen wird meist eine Maschenprobe für das Originalgarn genannt, mit dem das abgebildete Modell gehäkelt wurde. Es ist wichtig, dass Sie exakt diese Maschenprobe erzielen, damit Ihr Projekt die richtige Größe erreicht.

Die Maschenprobe wird normalerweise als x Maschen und y Reihen auf 10 x 10 cm in einem bestimmten Häkelmuster und mit einer vorgegebenen Nadelstärke angegeben. Sie kann aber auch ein Maß über einen oder mehrere Musterrapporte enthalten. Wenn Sie sich an die empfohlene Maschenprobe halten, können Sie sicher sein, dass Ihre Häkelarbeit weder zu schwer und steif, noch zu locker und lappig ausfällt. Auch auf Garnbanderolen und Einsteckeriketten steht neben Materialzusammensetzung, Lauflänge und Pflegetipps oft auch eine Maschenprobe.

Verarbeiten Sie nach Möglichkeit das in der Anleitung genannte Garn, denn auch zwei Garne mit der gleichen Lauflänge und Materialzusammensetzung können sich je nach Hersteller in der Dicke leicht unterscheiden.

Die Maschenprobe kann durch die Art des Garns, die Stärke und Marke der Häkelnadel, das Häkelmuster und die feste oder lockere Arbeitsweise der jeweiligen Häklerin beeinflusst werden. Keine zwei Menschen häkeln genau gleich fest, selbst wenn sie mit der gleichen Häkelnadel und dem gleichen Garn arbeiten. Wie Sie die Häkelnadel halten und wie das Garn durch Ihre Finger gleitet, entscheidet über Ihre Maschenprobe. Häkelarbeiten sind weniger dehnbar und elastisch als vergleichbare Strickarbeiten, deshalb ist es unerlässlich, vor dem eigentlichen Arbeitsbeginn ein Probestück zu häkeln und auszumessen. Accessoires wie Taschen oder Hüte sowie Kissenhüllen oder Spitzenborten werden oft fester gehäkelt als Schals, Kleidungsstücke oder Decken, die weicher fallen sollen.

HÄKELN UND AUSMESSEN EINES PROBEQUADRATS

Lesen Sie die Anleitung durch, um die empfohlene Maschenprobe zu finden. Wenn Sie mit dem angegebenen Garn arbeiten, häkeln Sie ein großzügig bemessenes Probestück von 15 bis 20 cm Breite. Wenn Sie in einem bestimmten Muster häkeln, schlagen Sie eine Luftmaschenzahl an, die zum Musterrapport passt. Im entsprechenden Muster häkeln bis zu einer Höhe von 15 bis 20 cm. Faden abschneiden, das Probestück spannen, anfeuchten und trocknen lassen.

Auf den meisten Garnbanderolen finden sich Angaben zur Maschenprobe.

Siehe auch: Spannen und Bügeln (Seite 26)

1 Das Probestück mit der rechten Seite nach oben auf eine ebene Fläche legen und mit Lineal oder Maßband 10 cm horizontal über eine Maschenreihe abmessen. Diese Strecke mit 2 Stecknadeln markieren und die Maschen (einschließlich halber Maschen) zwischen den Stecknadeln auszählen. Dies ist die Maschenzahl auf 10 cm Breite.

2 Das Probequadrat um 90° drehen. 10 cm über die Reihen hinweg abmessen und mit 2 Stecknadeln markieren. Die Zahl der ganzen und unvollständigen Reihen zwischen den Stecknadeln auszählen. Dies ist die Reihenzahl auf 10 cm Höhe.

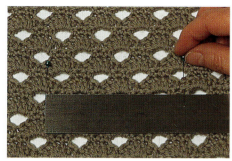

3 Wenn Sie in einem bestimmten Häkelmuster arbeiten, wird die Maschenprobe oft für ein Vielfaches des Musterrapports und nicht für eine bestimmte Zahl von Maschen und Reihen angegeben. Häkeln Sie Ihr Probequadrat im Muster, doch zählen Sie dann zwischen den Stecknadeln Musterrapporte statt Reihen und Maschen.

ANPASSEN DER MASCHENPROBE

Wenn Sie mehr Maschen oder einen kleineren Musterrapport zwischen den Stecknadeln in Ihrem Probequadrat haben, als in der Anleitung angegeben, ist Ihre Maschenprobe zu fest. Häkeln Sie ein zweites Probequadrat mit einer etwas dickeren Häkelnadel.

Weniger Maschen bzw. ein größerer Musterrapport zwischen den Stecknadeln in Ihrem Probequadrat bedeuten, dass Ihre Maschenprobe zu locker ist. Arbeiten Sie ein zweites Probestück mit einer etwas dünneren Häkelnadel.

Spannen Sie das neue Probequadrat wie zuvor und messen Sie die Maschenprobe wieder aus. Diesen Vorgang wiederholen Sie, bis die Maschenprobe mit der Anleitung übereinstimmt.

MASCHENPROBEN IM VERGLEICH

Diese 3 Arbeitsproben sind jeweils mit dem gleichen Garn, aber mit unterschiedlich dicken Häkelnadeln über 20 Maschen und 9 Reihen in Stäbchen gehäkelt. Dabei beeinflusst die Nadelstärke nicht nur die Größe des Probestücks, sondern auch Griff und Fall der Arbeit. Arbeitsprobe 1 wirkt hart und steif, Arbeitsprobe 3 ist locker und lappig. Lediglich Arbeitsprobe 2 ist nicht zu fest und nicht zu locker und fühlt sich angenehm an.

1 Wollgarn (LL ca. 125 m/50 g), Häkelnadel Nr. 3

2 Wollgarn (LL ca. 125 m/50 g), Häkelnadel Nr. 4

3 Wollgarn (LL ca. 125 m/50 g), Häkelnadel Nr. 5,5

FADEN ANSETZEN

Es gibt verschiedene Möglichkeiten, einen neuen Knäuel Garn anzusetzen. Welche Methode Sie wählen, hängt unter anderem davon ab, ob Sie in der gleichen Farbe wie bisher weiterarbeiten oder eine neue Farbe einführen wollen.

Wenn Sie in einer einzigen Farbe häkeln, sollten Sie einen neuen Knäuel Garn nach Möglichkeit am Ende einer Reihe statt in der Mitte ansetzen, damit der Übergang nicht auffällt. Dazu können Sie die letzte Masche am Reihenende unvollständig arbeiten und mit dem neuen Garn abmaschen. Alternativ können Sie den neuen Faden am Reihenbeginn mit einer Kettmasche anschlingen (siehe Seite 23). Wenn Sie ein farbiges Muster häkeln, maschen Sie die letzte Masche der alten Farbe bereits in der neuen Farbe ab, wie unten für das Ansetzen eines neuen Fadens in der Reihenmitte beschrieben.

NEUEN FADEN IN STÄBCHEN ANSETZEN

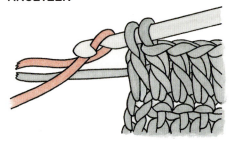

1 Setzen Sie den neuen Faden am Ende der letzten in der alten Farbe gehäkelten Reihe an. Die letzte Masche bis auf 2 Schlingen abmaschen, dann den neuen Faden holen und durch die letzten 2 Schlingen auf der Häkelnadel ziehen, um die Masche zu vollenden.

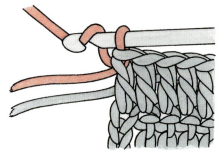

2 Die Arbeit wenden und die nächste Reihe in der neuen Farbe beginnen. Wenn Sie wollen, können Sie die losen Enden locker verknoten, bevor Sie den nicht mehr benötigten Faden abschneiden (Fadenende 10 cm lang hängen lassen). Vor dem Vernähen der Fäden den Knoten wieder lösen!

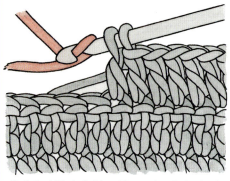

3 Beim Häkeln farbiger Muster den Faden in der neuen Farbe an der in der Anleitung oder dem Zählmuster angegebenen Stelle ansetzen. Die letzte Masche in der alten Farbe bis auf 2 Schlingen abmaschen und in der neuen Farbe vollenden.

NEUEN FADEN IN FESTEN MASCHEN ANSETZEN

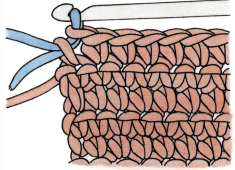

1 Die neue Farbe am Ende der letzten in der alten Farbe gearbeiteten Reihe ansetzen. Bei der letzten Masche zunächst den alten Faden als Schlinge durchholen, sodass 2 Schlingen auf der Häkelnadel liegen. Den neuen Faden um die Häkelnadel legen und durch beide Schlingen auf der Nadel ziehen. Wenden und die nächste Reihe in der neuen Farbe arbeiten.

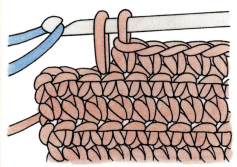

2 Beim Häkeln farbiger Muster den Faden in der neuen Farbe an der in der Anleitung angegebenen Stelle ansetzen. Die letzte Masche in der alten Farbe bis auf 2 Schlingen abmaschen und in der neuen Farbe vollenden.

NEUEN FADEN MIT KETTMASCHE ANSCHLINGEN

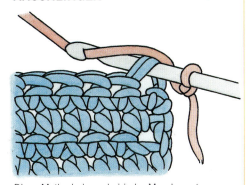

Diese Methode kann bei jeder Maschenart angewendet werden. Am Reihenbeginn eine Anfangsschlinge mit dem neuen Faden arbeiten und auf die Häkelnadel legen. Die Häkelnadel in die 1. Masche der Reihe einstechen und eine Kettmasche mit dem neuen Faden durch die Masche und die Anfangsschlinge auf der Nadel arbeiten. Mit dem neuen Faden die Reihe entlang häkeln.

FADEN BEENDEN

Den Faden am Ende einer Häkelarbeit abzuschneiden und zu sichern ist ganz einfach. Denken Sie daran, den Faden nicht zu nah an der letzten Masche abzuschneiden, damit das Fadenende lang genug zum Vernähen ist.

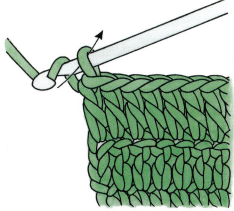

1 Den Faden ca. 15 cm von der letzten Masche entfernt abschneiden. Das Fadenende um die Nadel legen und durch die Schlinge auf der Häkelnadel ziehen.

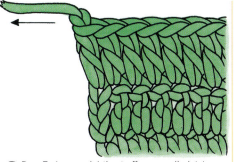

2 Den Faden vorsichtig straffen, um die letzte Masche zusammenzuziehen. Das Fadenende auf der linken Seite der Arbeit vernähen, wie unten beschrieben.

FADENENDEN SICHERN

Es ist wichtig, die Fadenenden zu sichern, damit sich die Häkelarbeit nicht während des Tragens oder bei der Wäsche auflöst. Vernähen Sie die Enden so sauber wie möglich, denn sie sollten auf der Vorderseite der Arbeit nicht sichtbar sein.

FADENENDE AN DER OBERKANTE VERNÄHEN

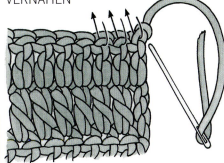

Um ein Fadenende an der Oberkante einer Häkelarbeit zu vernähen, fädeln Sie es zunächst in eine Wollnadel ein. Verstechen Sie den Faden durch mehrere Maschen auf der Rückseite der Häkelarbeit, doch gehen Sie dabei Masche für Masche vor. Den Rest des Fadens abschneiden.

FADENENDE AN DER UNTERKANTE VERNÄHEN

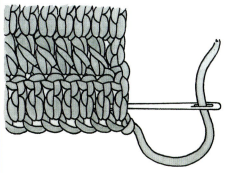

Um ein Fadenende entlang der Unterkante eines Häkelteils zu vernähen, fädeln Sie es in eine Wollnadel ein. Die Nadel mit dem Faden auf der Rückseite der Arbeit durch mehrere Maschen ziehen und das Fadenende abschneiden.

FADENENDEN IN STREIFENMUSTERN VERNÄHEN

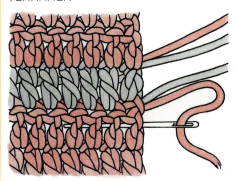

Wenn Sie Fadenenden in einem Streifenmuster vernähen müssen oder mehr als eine Garnfarbe verwenden, sollten Sie gut aufpassen, dass die Farben nicht auf die rechte Seite durchschimmern. Lösen Sie den Knoten, der die beiden Fadenenden sichert. Dann fädeln Sie ein Fadenende ein und vernähen es auf der Rückseite eines Streifens in derselben Farbe. Mit der anderen Farbe verfahren Sie genauso.

HÄKELN NACH ANLEITUNG UND GRAFIK

Häkelanleitungen gibt es in verschiedener Form: als Text, der die Arbeitsweise Reihe für Reihe beschreibt, als Grafik, in der die Maschen durch Symbole dargestellt werden, oder als Kombination aus beidem. Filetmuster werden normalerweise als schwarz-weiße Zählmuster wiedergegeben, in denen die leeren und gefüllten Kästchen als schwarze und weiße Karos erscheinen. Jacquard- und Intarsienmuster werden in Zählmustern aufgezeichnet, bei denen ähnlich wie bei Kreuzstichvorlagen jede Masche durch ein farbiges Kästchen symbolisiert wird.

ANLEITUNGSTEXTE VERSTEHEN

Auf den ersten Blick wirkt die Häkelsprache vielleicht ein wenig kompliziert. Das Wichtigste, woran Sie denken müssen, wenn Sie nach einer Anleitung häkeln, ist sicherzustellen, dass Sie mit der richtigen Luftmaschenzahl für die Anfangsreihe oder -runde beginnen, und dann die Anweisungen genauestens befolgen.

In einem Anleitungstext werden eckige **Klammern (1)** und **Sternchen (2)** verwendet, um die Anleitung kürzer zu fassen und langatmige Wiederholungen zu vermeiden. Die Anweisungen können leicht unterschiedlich formuliert sein, je nachdem, ob eckige Klammern oder Sternchen darin vorkommen; bei komplizierten Modellen können sogar beide Elemente in ein und derselben Musterreihe erscheinen. Die Maschenfolge, die durch eckige Klammern eingeschlossen wird, muss so oft wie angegeben gearbeitet werden. Ein Beispiel: 3 x [je 1 Stb in die nächsten 2 M, 2 Lftm] bedeutet, dass Sie die 2 Stäbchen und 2 Luftmaschen insgesamt dreimal häkeln müssen. Dieselbe Anweisung kann auch folgendermaßen ausgedrückt werden: * Je 1 Stb in die nächsten 2 M, 2 Lftm; ab * noch 2 x

Siehe auch: **Filettechnik (Seite 54)**
Jacquardtechnik (Seite 66)
Intarsientechnik (Seite 68)
Abkürzungen und Häkelsymbole (Seite 148)

> **KREIS IM QUADRAT**
>
> **Anfangsring:** 6 Lftm anschl und mit 1 Kett-M zum Ring schließen.
>
> **1. Runde:** 3 Lftm (für das 1. Stb), 15 Stb in den Ring, die Rd mit 1 Kett-M in die 3. der 3 Anfangs-Lftm schließen (= 16 Stb).
>
> **2. Runde:** 5 Lftm (für das 1. Stb + 2 Lftm), 15 x [1 Stb in das nächste Stb, 2 Lftm]; die Rd schließen mit 1 Kett-M in die 3. der 5 Anfangs-Lftm.
>
> **3. Runde:** 3 Lftm, 2 Stb um den 2 Lftm Bg, 1 Lftm, [3 Stb, 1 Lftm] um jeden 2-Lftm-Bg; die Rd schließen mit 1 Kett-M in die 3. der 3 Anfangs-Lftm.
>
> **4. Runde:** * 3 x [3 Lftm, 1 fM um die nächste Lftm], 6 Lftm (= Eck-Bg), 1 fM um die nächste Lftm; ab * fortlfd wdh bis Rd-Ende; die Rd schließen …

wdh. Sternchen finden Sie auch in Anleitungen, bei denen Sie nach der letzten Wiederholung der Maschenfolge einige verbleibende Maschen anders häkeln müssen. Auch hierfür ein Beispiel: … ab * fortlfd wdh, enden mit je 1 Stb in die letzten 2 M, Arbeit wenden. Das bedeutet, dass am Ende der Reihe nach dem letzten Rapport noch 2 Maschen übrig bleiben. In diesem Fall häkeln Sie je 1 Stäbchen in jede dieser letzten 2 Maschen und wenden dann, um mit der neuen Reihe zu beginnen.

Auch **runde Klammern (3)** können Ihnen in Anleitungstexten begegnen. Sie enthalten im Allgemeinen zusätzliche Informationen und keine Arbeitsanweisungen. Die Angabe „1. Reihe (Hin-R)" besagt beispielsweise, dass Sie beim Häkeln dieser Reihe die rechte Seite der Arbeit vor Augen haben. In manchen Anleitungen werden auch die Angaben für unterschiedliche Größen von runden Klammern eingeschlossen, in anderen werden sie durch Schrägstriche voneinander getrennt. In solchen Fällen ist es hilfreich, die Angaben für die gewünschte Größe mit einem Leuchtstift zu markieren. Am Ende einer Reihe oder Runde steht oft die Gesamtzahl der Maschen in dieser Reihe oder Runde in runden Klammern. „(= 12 Stb)" am Ende einer Runde bedeutet z.B., dass Sie in dieser Runde einschließlich der Anfangsluftmaschen 12 Stäbchen gearbeitet haben.

In Anleitungen für Modelle, die in Reihen gearbeitet werden, ist oft eine bestimmte Zahl von Reihen für einen Mustersatz beschrieben, der dann bis zur gewünschten Höhe stets wiederholt wird. Beim Häkeln eines komplizierten Modells notieren Sie sich am besten immer genau, an welcher Reihe Sie gerade arbeiten.

Häkeln nach Anleitung und Grafik 25

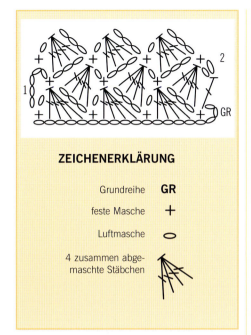

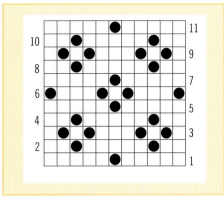

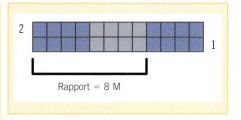

HÄKELSCHRIFTEN LESEN

Manche Anleitungen werden durch Häkelschriften ergänzt, in denen die Arbeitsweise grafisch dargestellt wird. Verschiedene Zeichen symbolisieren die Maschen und ihre Verbindung untereinander. Zu einer Häkelschrift gehört immer auch eine schriftliche Anleitung, aber wenn das Modell in grafischer Form abgedruckt ist, wird die Anleitung nicht Reihe für Reihe abgefasst.

Um nach einer Häkelschrift zu arbeiten, müssen Sie sich zunächst mit den verschiedenen Symbolen vertraut machen (siehe Seite 148/149 und Zeichenerklärung neben der jeweiligen Häkelschrift). Jedes Zeichen steht für eine einzelne Anweisung oder Masche und gibt an, wo diese Masche gearbeitet werden muss.

FILET-ZÄHLMUSTER LESEN

Bei Zählmuster für Arbeiten in Filethäkelei sind die Reihen seitlich nummeriert. Sie beginnen bei Reihe 1 rechts unten zu häkeln und arbeiten vom unteren Rand des Zählmusters nach oben. Jedes leere Quadrat des Zählmusters entspricht einem leeren Filetkästchen, jedes dunkle Quadrat einem ausgefüllten Filetkaro.

Filet-, Jacquard- und Intarsienmuster werden als Zählmuster auf Karopapier mit farbigen Karos oder mit dunklen und hellen Kästchen dargestellt.

ZÄHLMUSTER FÜR FARBIGE MUSTER LESEN

Jacquard- und Intarsienmuster werden in farbigen Zählmustern dargestellt. Jedes farbige Karo der Vorlage entspricht einer Masche. Arbeiten Sie das Zählmuster stets von unten nach oben ab und lesen Sie die Reihen mit ungeraden Nummern (= Hinreihen) von rechts nach links, die mit geraden Nummern (= Rückreihen) von links nach rechts.

Schlagen Sie eine Luftmaschenkette in Farbe 1 an. Dann beginnen Sie in der rechten unteren Ecke des Zählmusters und schlingen neue Farben an, sobald sie im Muster auftauchen. In der 1. Reihe arbeiten Sie die 1. Masche in die 2. Luftmasche von der Häkelnadel aus und arbeiten bis zum Reihenende in festen Maschen weiter.

Filethäkelei   *Jacquardhäkelei*   *Intarsienhäkelei*

SPANNEN UND BÜGELN

Viele Häkelarbeiten müssen vor dem Zusammennähen nur leicht mit einem kühlen Bügeleisen von links gebügelt werden, doch manche Projekte wie etwa die Einzelteile von Kleidungsstücken oder Häkelmotive erfordern mehr Aufwand.

Beim Spannen werden die Häkelteile auf einer stoffbezogenen Platte in Form gezogen und aufgesteckt. Dann werden sie je nach Materialzusammensetzung mit dem Bügeleisen gedämpft oder mit kaltem Wasser angefeuchtet. Beachten Sie stets die Informationen auf der Banderole oder dem Einstecketikett Ihres Garns, denn die meisten Synthetikfasern werden durch Hitze verdorben. Im Zweifelsfall spannen Sie Ihr Werk nach der Methode für Synthetikfasern (siehe Seite 27).

Garne aus den meisten Naturfasern (Baumwolle, Leinen und Wolle, nicht aber Seide, die empfindlicher ist) können mit Dampf behandelt werden. Ein großes Modell wie zum Beispiel eine Decke, die in einem Stück gearbeitet ist (oder nach und nach aus Einzelmotiven zusammengesetzt wurde), kann mit sanftem Druck vorsichtig auf einem gut gepolsterten Bügelbrett gebügelt werden, ohne dass die Maschen flach gedrückt werden. Häkelarbeiten aus Synthetikfasern wie Polyamid oder Polyacryl dürfen Sie nicht dämpfen oder heiß bügeln, denn sie würden dadurch flach, lappig und leblos. Glätten Sie solche Teile stattdessen mit einem kühlen Bügeleisen oder spannen Sie sie nach der auf Seite 27 beschriebenen Methode.

Um Teile von Kleidungsstücken oder große Mengen von Einzelmotiven zu spannen, können Sie ohne große Kosten eine Spannunterlage selbst anfertigen. Dazu bedecken Sie eine 60 x 90 cm große Platte (eine Kork-Pinnwand eignet sich perfekt) mit ein oder zwei Lagen Volumenvlies, wie es beispielsweise für Patchwork-Quilts verwendet wird. Die Wattierung heften Sie auf der Rückseite der Platte mit dem Tacker oder mit Reißwecken an und überziehen sie mit einer Lage Stoff, den Sie genauso auf der Rückseite fixieren. Wählen Sie einen Baumwollstoff, der die Bügelhitze gut verträgt. Ein Karomuster hilft Ihnen zusätzlich, die Kanten gerade zu spannen. Verwenden Sie zum Aufstecken viele rostfreie Stecknadeln mit Glas- statt Kunststoffköpfen, denn Kunststoff könnte unter dem Bügeleisen schmelzen. Wenn Sie lange Teile, z.B. Spitzen oder Borten, spannen müssen, gehen Sie abschnittweise vor und lassen jeden Teil vollständig trocknen, bevor Sie zum nächsten übergehen.

Empfohlene Maschenprobe

Farb- und Farbpartienummer   *Knäuelgewicht und Lauflänge*   *Pflegehinweise*   *Materialzusammensetzung*

Spannen und Bügeln 27

HÄKELARBEITEN AUFSTECKEN

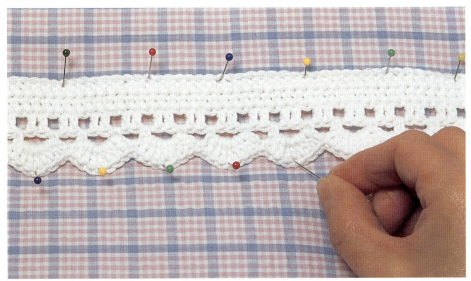

Das Teil aufstecken und dabei die Stecknadeln durch die Häkelarbeit und die Wattierung stechen. Gehen Sie mit den Stecknadeln großzügig um und ziehen Sie die Häkelarbeit in Form, bevor Sie die Stecknadel einstechen. Wenn das Häkelteil nicht stark strukturiert ist und unbedingt mit der rechten Seite nach oben gespannt werden muss, können Sie es nach Belieben mit der linken oder mit der rechten Seite nach oben aufstecken.

TIPP

Wenn Sie viele Häkelteile derselben Größe spannen müssen – etwa quadratische Motive für eine Decke –, lohnt es sich, eine spezielle Spannunterlage anzufertigen, auf der Sie sechs oder mehr Teile gleichzeitig spannen können. Zeichnen Sie mit einem Bleistift die Konturen mehrerer Quadrate in der richtigen Größe auf einen einfarbigen, hellen Stoff und lassen Sie zwischen den einzelnen Formen ca. 5 cm Abstand, um das Spannen zu erleichtern. Mit diesem Stoff beziehen Sie eine Platte, wie auf Seite 26 beschrieben.

NATURFASERN DÄMPFEN

Um Häkelarbeiten aus Naturfasern zu dämpfen, halten Sie ein Dampfbügeleisen, das Sie auf die richtige Temperatur eingestellt haben, ca. 2 cm über die Häkelarbeit und lassen den Dampf einige Sekunden lang eindringen. Arbeiten Sie abschnittsweise, ohne dass das Bügeleisen die Oberfläche der Häkelarbeit berührt. Anschließend legen Sie die Spannunterlage flach hin und lassen die Häkelarbeit vollständig trocknen, bevor Sie die Stecknadeln entfernen.

SYNTHETIKFASERN SPANNEN

Um Häkelarbeiten aus Synthetikfasern zu spannen, stecken Sie die Teile auf, wie oben beschrieben. Dann sprühen Sie mit einem Wäschesprüher klares, kaltes Wasser darüber, bis die Häkelarbeit gleichmäßig feucht, aber nicht mit Wasser durchtränkt ist. Modelle aus dicken Garnen beklopfen Sie leicht mit der flachen Hand, damit die Feuchtigkeit leichter eindringt. Lassen Sie die Häkelarbeit flach trocknen, bevor Sie die Stecknadeln entfernen.

NÄHTE

Es gibt verschiedene Methoden, Häkelteile durch Nähen oder Zusammenhäkeln zu verbinden. Verwenden Sie zum Häkeln und für die Nähte nach Möglichkeit das gleiche Garn, sofern es nicht zu dick oder zu stark strukturiert ist. In diesem Fall wählen Sie ein feineres Garn in einer passenden Farbe.

Eine Naht im Rück- oder Kettenstich oder aus Kettmaschen ist haltbar und eignet sich gut zum Verbinden ungleichmäßiger Kanten, kann aber je nach Garndicke ziemlich stark auftragen. Deshalb sind diese Methoden eher zum Zusammennähen locker sitzender Kleidungsstücke wie Winterpullover und -jacken empfehlenswert. Eine Naht im Matratzenstich verbindet gerade Kanten flacher und ist daher für feine Arbeiten und Babykleidung die bessere Wahl. Beim Zusammenhäkeln mit festen Maschen werden gerade Kanten weniger wulstig verbunden als mit den drei eingangs erwähnten Methoden. Mit festen Maschen können Sie Häkelteile auch von der rechten Seite der Arbeit zusammenhäkeln und beispielsweise durch ein kontrastfarbenes Garn einen dekorativen Akzent setzen. Die beiden letzten Verbindungstechniken – feste Maschen und Luftmaschen sowie Kettmaschen im Wechsel – ergeben eine flachere Naht als die oben aufgeführten Häkelmethoden und haben überdies den Vorteil, leicht dehnbar zu sein.

RÜCKSTICH

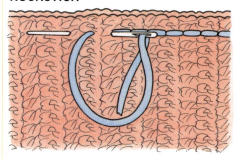

Beide Teile rechts auf rechts aufeinanderstecken und dabei die Stecknadeln im rechten Winkel zur Kante einstechen. Passendes Garn in eine Wollnadel einfädeln und eine Reihe Rückstiche von rechts nach links ein oder zwei Maschen vom Rand entfernt arbeiten.

KETTENSTICH

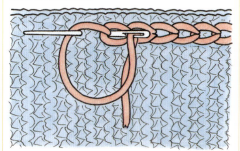

Dies ist die genähte Variante der Verbindung durch Kettmaschen (siehe Seite 29). Beide Teile rechts auf rechts aufeinanderstecken und dabei die Stecknadeln im rechten Winkel zur Kante einstechen. Passendes Garn in eine Wollnadel einfädeln und knappkantig eine Reihe Kettenstiche von rechts nach links arbeiten.

Siehe auch: Grundtechniken (Seite 12)

MATRATZENSTICH

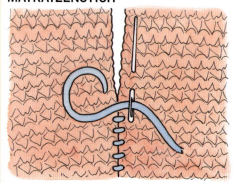

Beide Teile auf einer ebenen Arbeitsfläche Rand an Rand mit der linken Seite nach oben hinlegen, sodass die Reihenenden aneinanderstoßen. Passendes Garn in eine Wollnadel einfädeln und gleichmäßig verteilte Stiche im Zickzack von Kante zu Kante arbeiten. Dabei den Faden vorsichtig gerade so stark anziehen, dass die Kanten zusammengezogen werden. Bei festen Maschen jeweils eine Masche, bei Stäbchen eine halbe Masche pro Stich aufnehmen.

OBERKANTEN VERBINDEN

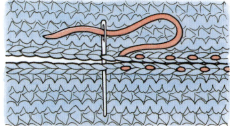

Beide Teile auf einer ebenen Arbeitsfläche Rand an Rand mit der linken Seite nach oben hinlegen, sodass die Oberkanten aneinanderstoßen. Passendes Garn in eine Wollnadel einfädeln und eine horizontale Reihe gleichmäßig verteilter Stiche durch die Abmaschglieder arbeiten. Dabei zwischen den Kanten hin- und herwechseln und den Faden während der Arbeit immer wieder vorsichtig straffen, sodass die Kanten zusammengezogen werden.

Nähte 29

VERBINDUNG MIT KETTMASCHEN

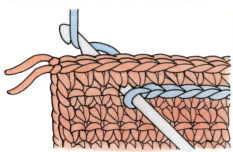

Dies ist die gehäkelte Variante der Kettenstichnaht (siehe Seite 28). Beide Teile rechts auf rechts aufeinanderstecken und dabei die Stecknadeln im rechten Winkel zur Kante einstechen. Den Arbeitsfaden hinter der Arbeit halten, die Häkelnadel durch beide Lagen einstechen, den Faden durch beide Lagen nach vorne holen und als Schlinge auf der Häkelnadel lassen. Weiter von rechts nach links arbeiten und den Faden stets durch beide Lagen und durch die Schlinge auf der Häkelnadel ziehen. Die Fadenenden sorgfältig sichern.

VERBINDUNG MIT FESTEN MASCHEN

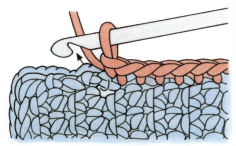

Beide Teile links auf links für eine unauffällige Verbindung bzw. rechts auf rechts für eine dekorative Naht aufeinanderstecken und dabei die Stecknadeln im rechten Winkel zur Kante einstechen. Den Arbeitsfaden hinter der Arbeit halten, die Häkelnadel durch beide Lagen einstechen und eine Reihe feste Maschen knapp an der Kante häkeln. Die Maschen so verteilen, dass die Arbeit flach liegt und sich weder dehnt noch Falten wirft.

FESTE MASCHEN ÜBER DIE OBEREN KANTEN

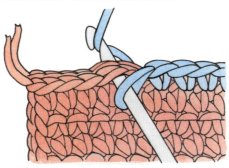

Beide Teile links auf links so aufeinanderlegen, dass die Oberkanten übereinstimmen, und zusammenstecken, dabei die Stecknadeln im rechten Winkel zur Kante einstechen. Den Arbeitsfaden hinter der Arbeit halten, die Häkelnadel durch die entsprechenden Abmaschglieder beider Lagen einstechen und eine Reihe feste Maschen über die Kante häkeln.

VERBINDUNG MIT FESTEN MASCHEN UND LUFTMASCHEN

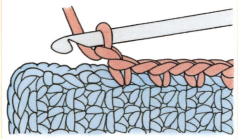

Beide Teile rechts auf rechts aufeinanderstecken und dabei die Stecknadeln im rechten Winkel zur Kante einstechen. Den Arbeitsfaden hinter der Arbeit halten, die Häkelnadel durch beide Lagen einstechen und eine feste Masche am Beginn der Naht arbeiten. Anschließend eine Luftmasche häkeln und eine weitere feste Masche mit etwas Abstand zur ersten häkeln. Weiter feste Maschen und Luftmaschen im Wechsel entlang der Kante häkeln und mit einer festen Masche enden.

KETTMASCHEN IM WECHSEL

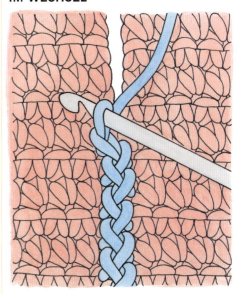

Beide Teile nebeneinander mit der linken Seite nach oben Rand an Rand auf eine ebene Arbeitsfläche legen. Eine Kettmasche in die untere Ecke des rechten Teils, dann eine weitere Kettmasche in die entsprechende Masche des linken Teils häkeln. Auf diese Weise abwechselnd rechts und links Kettmaschen entlang der Naht arbeiten.

TIPP

Am besten probieren Sie einige der hier vorgestellten Verbindungstechniken aus, bevor Sie Ihr Modell zusammennähen. Häkeln Sie einige Probestücke im Muster Ihres Modells und verwenden Sie zum Zusammennähen oder -häkeln kontrastfarbenes Garn, damit Sie die Naht leicht auftrennen können, wenn sie Ihnen nicht gefällt und Sie es mit einer anderen Technik versuchen wollen.

2. Kapitel
TECHNIKEN UND MUSTER

In diesem Kapitel lernen Sie anspruchsvollere Häkeltechniken wie das Arbeiten in Runden und mit mehreren Farben, die Filethäkelei sowie das Anfertigen von Borten und Spitzen kennen. Außerdem finden Sie darin zahlreiche Struktur-, Loch- und Spitzenmuster – jedes mit farbig abgebildeter Arbeitsprobe, ausführlicher Anleitung und Häkelschrift.

STREIFENMUSTER

Farbstreifen sind die einfachste Methode, eine Häkelarbeit aus Grundmaschen mit einem Muster zu beleben. Horizontale Streifen in zwei, drei oder mehr Farben peppen ein schlichtes Kleidungsstück oder Accessoire auf.

Streifen können in stark kontrastierenden Farben, in verschiedenen Schattierungen ein und derselben Farbe oder in einer Grundfarbe mit einem oder mehreren harmonierenden Tönen gearbeitet werden. Sowohl feste Masche als auch halbe oder ganze Stäbchen eignen sich gut als Grundmuster für Streifen.

Zauberstreifen sind eine witzige Methode, allerlei Garnreste von anderen Projekten aufzubrauchen. Je nach der Breite Ihrer Häkelarbeit können Sie beliebig lange Fadenstücke verwenden, doch wirken die Streifen am besten, wenn die Farbe wenigstens einmal pro Reihe wechselt. Wählen Sie für Kleidungsstücke Garne ähnlicher Materialzusammensetzung und Lauflänge; für Wohnaccessoires wie Kissenhüllen können Sie hingegen unterschiedliche Lauflängen und Strukturen kombinieren.

STREIFEN HÄKELN, OHNE DEN FADEN ABZUSCHNEIDEN

Statt den Faden in einer Farbe abzuschneiden, wenn Sie zu einer neuen Farbe wechseln, können Sie beim Häkeln mancher Streifenmuster die gerade nicht benötigte Farbe an der Seite der Arbeit mitführen. Das erspart Ihnen später das Vernähen zahlloser Fadenenden. Diese Technik funktioniert bei zweifarbigen Streifenmustern, bei denen jeder Streifen aus einer geraden Reihenzahl besteht.

Siehe auch: **Grundtechniken (Seite 12)**
Faden ansetzen (Seite 22)

SCHMALE STREIFEN OHNE ABSCHNEIDEN DES FADENS

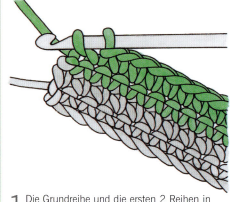

1 Die Grundreihe und die ersten 2 Reihen in Farbe A häkeln. Zu Farbe B wechseln, ohne Faden A abzuschneiden. Die letzte Masche in Farbe B bis auf 2 Schlingen auf der Häkelnadel abmaschen.

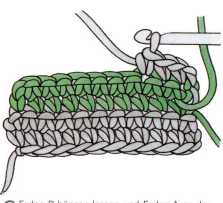

2 Faden B hängen lassen und Faden A an der Seite der Arbeit aufnehmen. Die Masche mit Faden A vollenden und die nächsten 2 Reihen mit Farbe A häkeln.

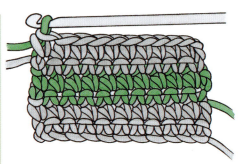

3 Am Ende der 2. Reihe in Farbe A den Faden A hängen lassen und mit Farbe B weiterhäkeln. Auf diese Weise weiterhäkeln und nach jeweils 2 Reihen die Farbe wechseln.

BREITE STREIFEN OHNE ABSCHNEIDEN DES FADENS

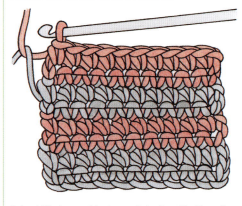

Beim Häkeln von Mustern mit breiten Streifen, die eine gerade Zahl von Reihen umfassen, können Sie die jeweils nicht verwendete Farbe an der Seite der Arbeit mitführen, sollten dann aber die beiden Fäden alle zwei Reihen miteinander verdrehen, damit sich keine langen Schlaufen an der Kante bilden.

MUSTER SAMMLUNG

UNTERSCHIEDLICH BREITE STREIFEN

Hier werden die Streifen in halben Stäbchen über eine zufällige Zahl von Reihen und in einer völlig willkürlichen Farbfolge gehäkelt. Mehrere Reihen in Farbe A arbeiten, dann im selben Muster (hier: halbe Stäbchen) weiterhäkeln und die Farben beliebig nach einer, zwei, drei oder mehr Reihen wechseln.

STREIFENRAPPORT

Die unterschiedlich breiten Streifen in festen Maschen sind in einem Musterrapport angeordnet. * 2 Reihen in Farbe A, 4 Reihen in Farbe B, 4 Reihen in Farbe C und 2 Reihen in Farbe D häkeln und die Farbfolge ab * stets wiederholen. Eine solche Streifenfolge nennt man auch Rapport oder Mustersatz.

ZAUBERSTREIFEN

Alle Fadenstücke zu Knäueln wickeln; dabei die Fäden jeweils 2 cm vom Ende entfernt miteinander verknoten und die Farben beliebig mischen. Stäbchen in Reihen häkeln und die Knoten während des Häkelns auf die linke Seite der Arbeit schieben. Wenn Sie möchten, können Sie auch die Seite mit den Fadenenden als rechte Seite verwenden.

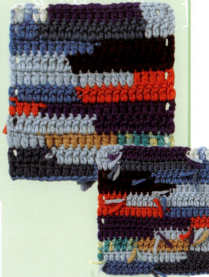
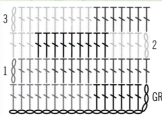

ZEICHENERKLÄRUNG

Grundreihe	**GR**
Luftmasche	o
feste Masche	+
halbes Stäbchen	T
Stäbchen	┼
Farbwechsel	▼

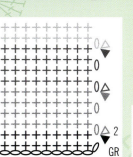

Dieses Muster soll Ihnen nur als Anregung für Ihre eigenen Zauberstreifen dienen. Sie können die Farben und Garnstrukturen nach Belieben wechseln.

RIPPENMUSTER

Wenn in der Anleitung nichts anderes angegeben ist, sticht man beim Häkeln normalerweise unter beiden Maschengliedern der Vorreihe ein. Sticht man nur unter dem vorderen oder nur unter dem hinteren Maschenglied ein, entsteht aus den unbehäkelten Maschengliedern eine horizontale Rippe. Dadurch verändern sich Charakter und Erscheinungsbild der meisten Grundmaschenmuster.

EINSTECHEN INS VORDERE MASCHENGLIED FESTER MASCHEN

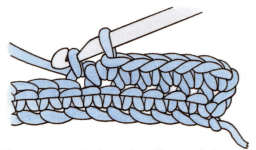

Wenn man nur unter den vorderen Maschengliedern einer Reihe fester Maschen einsticht, entsteht eine Querrippe auf der Rückseite der Arbeit.

EINSTECHEN INS HINTERE MASCHENGLIED FESTER MASCHEN

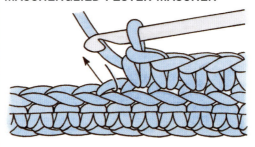

Wenn man unter den hinteren Maschengliedern einer Reihe fester Maschen einsticht, entsteht eine besonders stark ausgeprägte Rippenstruktur.

EINSTECHEN INS VORDERE MASCHENGLIED VON STÄBCHEN

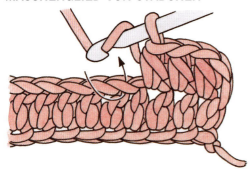

Die Arbeitsweise ist die gleich wie bei den festen Maschen, doch entstehen bei Stäbchen weniger ausgeprägte Rippenstrukturen als bei festen Maschen.

Siehe auch: **Grundtechniken (Seite 12)**

EINSTECHEN INS HINTERE MASCHENGLIED VON STÄBCHEN

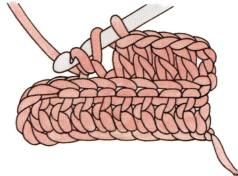

Wie bei den festen Maschen häkeln. Sticht man bei einer Häkelarbeit aus Stäbchen entweder nur in die hinteren oder nur in die vorderen Maschenglieder ein, so werden die Kanten locker und dehnbar. Das verhindern Sie, indem Sie bei der ersten und letzten Masche jeder Reihe jeweils unter beiden Maschengliedern einstechen.

MUSTER SAMMLUNG

ZEICHENERKLÄRUNG

Grundreihe **GR**

Luftmasche ○

feste Masche +

Stäbchen

Stäbchen in das vordere Maschenglied

Stäbchen in das hintere Maschenglied

feste Masche in das vordere Maschenglied

feste Masche in das hintere Maschenglied

Rippenmuster 35

BREITE RIPPEN

Dieses Muster ist auf der Vorderseite gerippt und auf der Rückseite glatt.

Beliebige Lftm-Zahl + 3 Lftm.

Grundreihe (Hin-R): 1 Stb in die 4. Lftm von der Häkel-Nd aus, dann 1 Stb in jede folgende Lftm, wenden.

1. Reihe: Das 1. Stb der Vor-R mit 3 Lftm übergehen, je 1 Stb in das vordere M-Glied jedes Stb der Vor-R, enden mit 1 Stb in die 3. der 3 Wende-Lftm, wenden.

2. Reihe: Das 1. Stb mit 3 Lftm übergehen, je 1 Stb in beide M-Glieder jedes Stb der Vor-R, enden mit 1 Stb in die 3. der 3 Wende-Lftm, wenden.

Die 1. und 2. R stets wdh, enden mit einer 1. R.

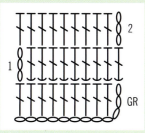

FALSCHES RIPPENMUSTER

Dieses Muster, bei dem Vorder- und Rückseite gleich aussehen, erinnert stark an ein gestricktes Rippenmuster. Es kann in schmalen Streifen als Bündchen für Häkelmode gearbeitet oder als eigenes Häkelmuster genutzt werden.

Beliebige Lftm-Zahl + 1 Lftm.

Grundreihe: 1 fM in die 2. Lftm von der Häkel-Nd aus, je 1 fM in jede folgende Lftm, wenden.

1. Reihe: 1 Lftm, je 1 fM ins hintere M-Glied jeder fM der Vor-R, wenden.

Die 1. R stets wdh.

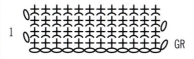

EINFACHE RIPPEN

Dieses Muster entsteht durch Reihen aus Stäbchen und festen Maschen, wobei jeweils ins vordere oder hintere Maschenglied eingestochen wird.

Beliebige Lftm-Zahl + 3 Lftm.

Grundreihe (Hin-R): 1 Stb in die 4. Lftm von der Häkel-Nd aus, je 1 Stb in jede folgende Lftm, wenden.

1. Reihe: Das 1. Stb mit 3 Lftm übergehen, je 1 Stb ins vordere M-Glied jedes Stb der Vor-R, enden mit 1 Stb in die 3. der 3 Wende-Lftm, wenden.

2. Reihe: 1 Lftm, je 1 fM ins hintere M-Glied jedes Stb der Vor-R, enden mit 1 fM in die 3. der 3 Wende-Lftm, wenden.

3. Reihe: 1 Lftm, je 1 fM in jede fM der Vor-R, wenden.

4. Reihe: Das 1. Stb mit 3 Lftm übergehen, je 1 Stb ins hintere M-Glied jeder fM der Vor-R, wenden.

Die 1.–4. R stets wdh, enden mit einer 2. R.

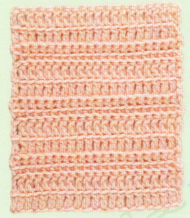

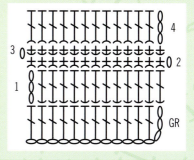

ZU- UND ABNAHMEN

Es gibt verschiedene Möglichkeiten, Häkelarbeiten durch Zu- oder Abnahme von Maschen in die gewünschte Form zu bringen.

Am einfachsten ist es, die Maschenzahl in einer Reihe um eine oder zwei Maschen zu erhöhen oder zu verringern. Diesen Vorgang bezeichnet man als Zu- oder Abnahme von Maschen innerhalb der Reihe. Man kann aber auch am Beginn oder Ende einzelner Reihen Maschen hinzufügen oder unbehäkelt lassen. Beide Techniken funktionieren bei festen Maschen, halben Stäbchen, Stäbchen und Doppelstäbchen gleichermaßen.

ZUNAHME INNERHALB DER REIHE

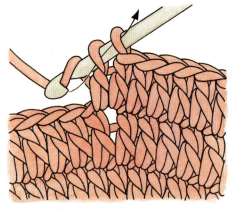

1. Die einfachste Methode, in bestimmten Abständen innerhalb einer Reihe einzelne Maschen zuzunehmen, besteht darin, jeweils 2 Maschen in 1 Masche der Vorreihe zu häkeln.

Siehe auch: **Grundtechniken (Seite 12)**

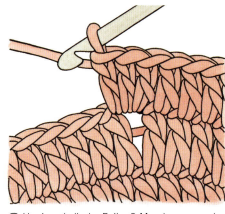

2. Um innerhalb der Reihe 2 Maschen zuzunehmen, häkelt man 3 Maschen in 1 Masche der Vorreihe.

ZUNAHME AM RAND

1. Um mehrere Maschen auf einmal zuzunehmen, schlägt man zusätzliche Luftmaschen an. Sollen die Maschen am Reihenbeginn zugenommen werden, so werden die zusätzlichen Luftmaschen am Ende der Vorreihe gearbeitet. Vergessen Sie nicht, die erforderliche Zahl von Wendeluftmaschen für die jeweilige Maschenart zu arbeiten!

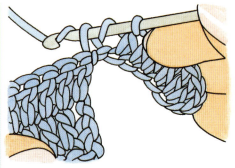

2. Die Arbeit wenden und über die zusätzlichen Luftmaschen hinweg häkeln, dann die Reihe wie gewohnt arbeiten.

3. Um Maschen am Ende einer Reihe zuzunehmen, lassen Sie die letzten Maschen der Reihe zunächst unbehäkelt. Die Häkelnadel aus der Arbeitsschlinge ziehen. Ein separates Fadenstück an der letzten Masche der Reihe anschlingen und die erforderliche Zahl an zusätzlichen Luftmaschen damit häkeln, dann den Faden abschneiden und sichern. Die ursprüngliche Arbeitsschlinge wieder aufnehmen und über das Reihenende und die neuen Luftmaschen häkeln. Wenden und die nächste Reihe arbeiten wie gewohnt.

ABNAHME INNERHALB DER REIHE

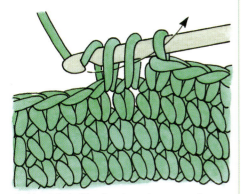
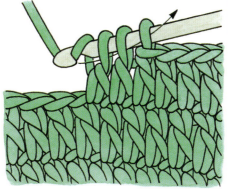

ABNAHME AM RAND

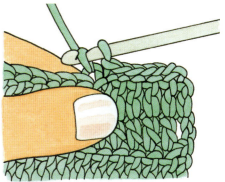

1 Um 1 feste Masche abzunehmen, werden 2 Maschen zusammen abgemascht. Die 1. feste Masche bis auf 2 Schlingen auf der Häkelnadel abmaschen, dann den Faden durch die nächste Masche holen (= 3 Schlingen auf der Häkelnadel). Faden holen und durch alle 3 Schlingen auf der Häkelnadel ziehen, um die Abnahme zu vollenden. Auf die gleiche Weise kann man 2 Maschen abnehmen, indem man 3 Maschen zusammen abmascht.

2 Ein Stäbchen nimmt man ab, indem man ebenfalls 2 Maschen zusammen abmascht. Das 1. Stäbchen bis auf 2 Schlingen auf der Häkelnadel abmaschen, dann das nächste Stäbchen ebenfalls unvollständig arbeiten (= 3 Schlingen auf der Häkelnadel). Faden holen und durch alle 3 Schlingen auf der Häkelnadel ziehen. 2 Stäbchen nimmt man entsprechend ab, indem man 3 Stäbchen zusammen abmascht.

Sollen am Beginn einer Reihe mehrere Maschen auf einmal abgenommen werden, wendet man und häkelt in jede Masche, die abgenommen werden soll, 1 Kettmasche, arbeitet erst dann die erforderlichen Wendeluftmaschen und häkelt die Reihe wie gewohnt zu Ende. Em Reihenende lässt man die Maschen, die abgenommen werden sollen, ganz einfach unbehäkelt, wendet, arbeitet die Wendeluftmaschen und häkelt die Reihe entlang weiter.

SAUBERE KANTEN

Damit die Kante am Reihenbeginn sauber gelingt, die Zunahmen erst nach der 1. Masche arbeiten. Am Reihenende bis zu den letzten 2 Maschen häkeln (wobei die letzte Masche möglicherweise durch die Wendeluftmaschen der Vorreihe ersetzt wird). Die Zunahme in die vorletzte Masche der Reihe häkeln, dann die letzte Masche wie gewohnt arbeiten.

▼ *Mascht man in der Mitte jeder Reihe 3 feste Maschen zusammen ab, so entsteht ein sauberes Quadrat aus festen Maschen.*

▲ *Durch zusätzliche Luftmaschen bzw. durch Kettmaschen können am Reihenbeginn und -ende Maschengruppen zu- oder abgenommen werden.*

◀ *Zu- und Abnahmen einzelner Maschen am Reihenbeginn und/oder -ende bringen Häkelarbeiten in die gewünschte Form.*

ZUSAMMEN ABGEMASCHTE MASCHEN

Wenn man zwei, drei oder mehr Maschen bis zur jeweils letzten Schlinge arbeitet und dann zusammen abmascht, entstehen dekorative Formen, die sich für Abnahmen, aber auch für viele Häkelmuster einsetzen lassen. Sie werden bisweilen als Büschelmaschen bezeichnet.

2 STÄBCHEN ZUSAMMEN ABMASCHEN

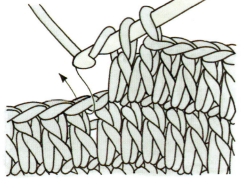

1 Um 2 Stäbchen zusammen abzumaschen, den Faden um die Häkelnadel legen (= 1 Umschlag) und das 1. Stäbchen arbeiten, bis noch 2 Schlingen auf der Häkelnadel bleiben.

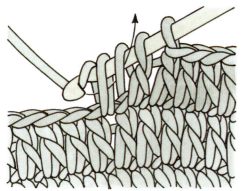

2 Das 2. Stäbchen genauso weit arbeiten, sodass nun 3 Schlingen auf der Häkelnadel liegen.

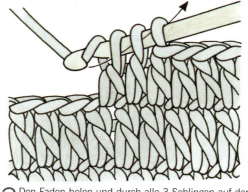

3 Den Faden holen und durch alle 3 Schlingen auf der Häkelnadel ziehen, um sie abzumaschen.

TIPP

Man kann zwei, drei oder mehr Maschen zusammen abmaschen, sodass unterschiedlich große Fächerformen entstehen. Üben Sie zunächst, zwei Maschen zusammen abzumaschen, und gehen Sie erst danach zu Kombinationen aus mehreren Maschen über.

Siehe auch: Zu- und Abnahmen (Seite 36)

MUSTER SAMMLUNG

ZEICHENERKLÄRUNG

Grundreihe	**GR**
feste Masche	+
Luftmasche	○
4 zusammen abgemaschte Stäbchen	
3 zusammen abgemaschte feste Maschen	

Zusammen abgemaschte Maschen 39

VERSETZTE FÄCHER

Um die Richtungsänderung der Fächer zu betonen, können Sie alle zwei Reihen die Garnfarbe wechseln.

Hinweis: BM = Büschelmasche aus 4 zusammen abgemaschten Stäbchen

Lftm-Zahl teilbar durch 5 + 4 Lftm.

Grundreihe (Hin-R): 1 fM in die 4. Lftm von der Häkel-Nd aus, * 3 Lftm, 1 BM über den 4 Lftm, 1 Lftm, 1 fM in die Lftm; ab * fortlfd wdh bis R-Ende, wenden.

1. Reihe: 5 Lftm, 1 fM in die BM, * 3 Lftm, 1 BM um den 3-Lftm-Bg, 1 Lftm, 1 fM in die BM; ab * fortlfd wdh, enden mit 3 Lftm, 1 BM um den 3-Lftm-Bg, 1 Lftm, 1 Stb in die letzte fM, wenden.

2. Reihe: 1 Lftm, die 1. M übg, 1 fM in die BM, * 3 Lftm, 1 BM um den 3-Lftm-Bg, 1 Lftm, 1 fM in die BM; ab * fortlfd wdh, 1 fM um die 5 Wende-Lftm, wenden.

Die 1. und 2. R stets wdh, enden mit einer 2. R.

DREIFALTIGKEITSMUSTER

Das Dreifaltigkeitsmuster sieht auf Vorder- und Rückseite gleich aus.

Hinweis: BM = Büschelmasche aus 3 zusammen abgemaschten festen Maschen

Lftm-Zahl teilbar durch 2.

Grundreihe (Rück-R): 1 fM in die 2. Lftm von der Häkel-Nd aus, 1 BM (dabei in dieselbe Lftm wie für die vorherigehende fM und in die 2 fM einstechen), * 1 Lftm, 1 BM (dabei in dieselbe Lftm wie die 3. M der vorherigehenden BM und in die 2 Lftm einstechen); ab * fortlfd wdh bis zur letzten Lftm, enden mit 1 fM in dieselbe Lftm wie die 3. M der vorherigehenden BM, wenden.

1. Reihe: 1 Lftm, 1 fM in die 1. M, 1 BM (dabei in dieselbe Einstichstelle wie für die vorhergehende fM, in das Abmaschglied der BM und unter dem 1-Lftm-Bg einstechen), * 1 Lftm, 1 BM (dabei unter demselben Lftm-Bg wie für die 3. M der vorherigehenden BM, in das Abmaschglied der BM und unter dem nächsten 1-Lftm-Bg einstechen); ab * fortlfd wdh, am R-Ende die 3. M der letzten BM in die letzte fM arbeiten, enden mit 1 fM in dieselbe Einstichstelle, wenden.

Die 1. R stets wdh.

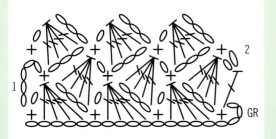

MUSCHELN

Muscheln bestehen aus drei oder mehr Maschen, die in eine einzige Einstichstelle gearbeitet werden und dadurch eine Dreiecksform ergeben, die an eine Venusmuschel erinnert. Normalerweise übergeht man zu beiden Seiten der Muschel einige Maschen, um die Breite der Muschel auszugleichen, und zählt jede Masche der Muschel als eine Masche. Größere Maschengruppen in Muschelform bezeichnet man auch als Fächer.

EINFACHE MUSCHEL AUS STÄBCHEN

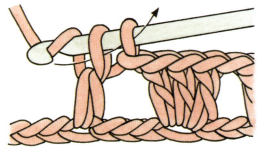

1 Die angegebene Zahl von Maschen der Vorreihe übergehen und das 1. Stäbchen der Muschel in die entsprechende Masche arbeiten.

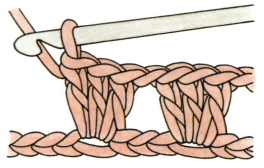

3 Die restlichen Stäbchen der Muschel in dieselbe Einstichstelle wie die vorherigen Maschen arbeiten.

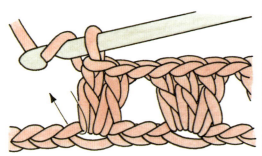

2 Das 2. Stäbchen der Gruppe in dieselbe Einstichstelle wie die vorhergehende Masche arbeiten. Bei der hier gezeigten Muschel aus 3 Maschen stellt dieses Stäbchen die mittlere Masche dar.

TIPP

Wenn schon in der ersten Reihe eines Musters größere Muscheln direkt in die Luftmaschenkette gehäkelt werden müssen, empfiehlt es sich, die Luftmaschenkette mit einer etwas dickeren Häkelnadel anzuschlagen.

Siehe auch: **Grundtechniken (Seite 12)**

MUSTER SAMMLUNG

ZEICHENERKLÄRUNG

Grundreihe **GR**

Luftmasche ○

feste Masche +

Stäbchen

Muschel aus 7 Stäbchen

VERSETZTE MUSCHELN

Dieses dichte Muster besteht aus Reihen versetzter Muscheln aus jeweils 7 Stäbchen, die durch Reihen aus festen Maschen getrennt sind. Häkeln Sie das Muster einfarbig oder verwenden Sie ein handgefärbtes Garn, um einen völlig anderen Effekt zu erzielen.

Lftm-Zahl teilbar durch 14 + 4 Lftm.

Grundreihe (Hin-R): 3 Stb in die 4. Lftm von der Häkel-Nd aus, die folg 3 Lftm übg, je 1 fM in die folg 7 Lftm, die folg 3 Lftm übg, 7 Stb in die folg Lftm; ab * fortlfd wdh, enden mit 4 Stb in die letzte Lftm, wenden.

1. Reihe: 1 Lftm, 1 fM in die 1. M, je 1 fM in jede folgende M, enden mit 1 fM in die 3. der 3 am Beginn der Vor-R übergangenen Lftm, wenden.

2. Reihe: 1 Lftm, je 1 fM in die ersten 4 M, die folg 3 M übg, 7 Stb in die folg M, die folg 3 M übg, je 1 fM in die folg 7 M; ab * fortlfd wdh bis zu den letzten 11 M, die folg 3 M übg, 7 Stb in die folg M, die folg 3 M übg, je 1 fM in die letzten 4 M, die Wende-Lftm übg, wenden.

3. Reihe: 1 Lftm, 1 fM in die 1. M, je 1 fM in jede folgende M der R, die Wende-Lftm übg, wenden.

4. Reihe: 3 Lftm, 3 Stb in die 1. M, * die folg 3 M übg, je 1 fM in die folg 7 M, die folg 3 M übg, 7 Stb in die folg M; ab * fortlfd wdh, enden mit 4 Stb in die letzte M, die Wende-Lftm übg, wenden.

5. Reihe: 1 Lftm, 1 fM in die 1. M, je 1 fM in jede folgende M der R, enden mit 1 fM in die 3. der 3 Wende-Lftm, wenden.

Die 2.–5. R stets wdh, enden mit einer 5. R.

GROSSE MUSCHELN

Lftm-Zahl teilbar durch 13 + 4 Lftm.

Grundreihe (Hin-R): 1 Stb in die 4. Lftm von der Häkel-Nd aus, je 1 Stb in die folg 3 Lftm, 3 x [2 Stb über den folg 2 Lftm zus abm], je 1 Stb in die folg 3 Lftm, * 3 Stb in die folg Lftm, je 1 Stb in die folg 3 Lftm, 3 x [2 Stb über den folg 2 Lftm zus abm], je 1 Stb in die folg 3 Lftm; ab * fortlfd wdh bis zur letzten Lftm, 2 Stb in die letzte Lftm, wenden.

1. Reihe: 3 Lftm, 2 Stb in das 1. Stb, 2 Lftm, die folg 3 Stb übg, 1 fM in das folg Stb, 4 Lftm, die folg 3 Stb übg, 1 fM in das folg Stb, 2 Lftm, * die folg 3 Stb übg, 5 Stb in das folg Stb, 2 Lftm, die folg 3 Stb übg, 1 fM in das folg Stb, 4 Lftm, die folg 3 Stb übg, 1 fM in das folg Stb, 2 Lftm; ab * fortlfd wdh bis zu den letzten 3 Stb, die letzten 3 Stb übg, 3 Stb in die oberste der zu Beginn übg 3 Lftm, wenden.

2. Reihe: 3 Lftm, 1 Stb in das 1. Stb, 2 Stb in das folg Stb, 1 Stb in das folg Stb, 2 Lftm, den folg 2-Lftm-Bg übg, 1 fM um den folg 4-Lftm-Bg, 2 Lftm, 1 fM in das folg Stb, 2 Lftm, 2 Stb in das folg Stb, * 3 Stb in das folg Stb, 2 Stb in das folg Stb, 1 Stb in das folg Stb, 2 Lftm, den folg 2-Lftm-Bg übg, 1 fM um den folg 4-Lftm-Bg, 2 Lftm, 1 fM übg, 1 Stb in das folg Stb, 2 Stb in das folg Stb; ab * fortlfd wdh bis zu den Wende-Lftm, 2 Stb in die 3. der 3 Wende-Lftm, wenden.

3. Reihe: 3 Lftm, 2 x [2 Stb in das folg Stb, 1 Stb in das folg Stb], 1 fM übg, 1 Stb in das folg Stb, * 4 x [2 Stb in das folg Stb, 1 Stb in das folg Stb], 1 fM übg, 1 Stb in das folg Stb; ab * fortlfd wdh bis zu den letzten 3 Stb, 2 Stb in das folg Stb, 1 Stb in das folg Stb, 2 Stb in das letzte Stb, 1 Stb in die 3. der 3 Wende-Lftm, wenden.

4. Reihe: 3 Lftm, je 1 Stb in die ersten 4 Stb, 3 x [2 Stb über den folg 2 Stb zus abm], je 1 Stb in die folg 3 Stb, * 3 Stb in das folg Stb, je 1 Stb in die folg 3 Stb, 3 x [2 Stb über den folg 2 Stb zus abm], je 1 Stb in die folg 3 Stb; ab * fortlfd wdh bis zu den Wende-Lftm, 2 Stb in die 3. der 3 Wende-Lftm, wenden.

5. Reihe: 3 Lftm, 2 Stb in das 1. Stb, 2 Lftm, die folg 3 Stb übg, 1 fM in das folg Stb, 4 Lftm, die folg 3 Stb übg, 1 fM in das folg Stb, 2 Lftm, * die folg 3 Stb übg, 5 Stb in das folg Stb, 2 Lftm, die folg 3 Stb übg, 1 fM in das folg Stb, 4 Lftm, die folg 3 Stb übg, 1 fM in das folg Stb, 2 Lftm; ab * fortlfd wdh bis zu den letzten 3 Stb, die letzten 3 Stb übg, 3 Stb in die 3. der 3 Lftm, wenden.

Die 2.–5. R stets wdh, enden mit einer 4. R.

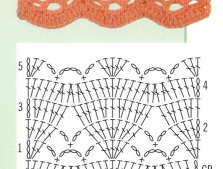

NOPPEN

Eine Noppe ist eine Maschengruppe, meist aus Stäbchen, die in dieselbe Einstichstelle gearbeitet und zusammen abgemascht werden. Beim Berechnen der Garnmenge für ein Modell müssen Sie bedenken, dass Noppen mehr Garn erfordern als die meisten anderen Muster.

Noppen werden meist in Rückreihen aus drei, vier oder fünf Maschen gearbeitet und von flachen, dicht gearbeiteten Maschen umgeben, damit sie plastisch hervortreten.

NOPPE AUS FÜNF MASCHEN

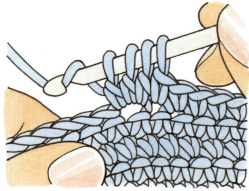

1. In einer Rückreihe bis zu der Stelle häkeln, an der die Noppe eingearbeitet werden soll. Den Faden um die Nadel legen und die 1. Masche bis auf die letzte Schlinge abmaschen (2 Schlingen auf der Häkelnadel). Die 2. und 3. Masche genauso arbeiten (= 4 Schlingen auf der Häkelnadel).

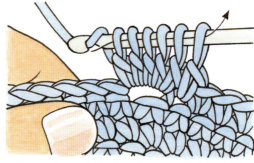

2. Die restlichen 2 Maschen der Noppe auf die gleiche Weise arbeiten (= 6 Schlingen auf der Häkelnadel).

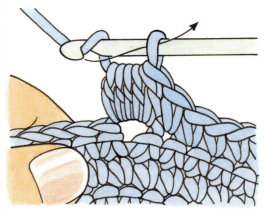

3. Den Faden holen und durch alle 6 Schlingen auf einmal ziehen, um sie zu sichern und die Noppe zu vollenden. Beim Durchziehen des Fadens können Sie die Noppe mit der Spitze eines Fingers auf die rechte Seite der Arbeit drücken.

TIPP

In der folgenden Rückreihe müssen Sie darauf achten, eine einzige Masche in das Abmaschglied an der Spitze der Noppe zu häkeln.

MUSTER SAMMLUNG

ZEICHENERKLÄRUNG

Grundreihe	**GR**
Luftmasche	o
feste Masche	+
Stäbchen	┬
Noppe aus 4 Stäbchen	⬡
Arbeitsrichtung	

NOPPENGRUND

Noppen aus vier Maschen auf einem Hintergrund aus festen Maschen ergeben ein wunderschön strukturiertes Muster, das sich gut für Wohnaccessoires wie Kissenhüllen eignet.

Hinweis: 1 N = 1 Noppe aus 4 Stb

Lftm-Zahl teilbar durch 3.

Grundreihe (Rück-R): 1 fM in die 2. Lftm von der Häkel-Nd aus, je 1 fM in jede folgende Lftm bis R-Ende, wenden.

1. Reihe (Hin-R): 1 Lftm, je 1 fM in jede fM der Vor-R, wenden.

2. Reihe (Rück-R): 1 Lftm, je 1 fM in die ersten 2 fM, * 1 N, je 1 fM in die nächsten 2 fM; ab * fortlfd wdh bis R-Ende, wenden.

3. Reihe: 1 Lftm, je 1 fM in jede fM der Vor-R, wenden.

4. Reihe: 1 Lftm, je 1 fM in jede fM der Vor-R, wenden.

Die 1.–4. R stets wdh, enden mit einer 4. R.

VERSETZTE NOPPEN

Wenn man zwischen den Noppenreihen je eine Stäbchenreihe statt der üblichen festen Maschen häkelt, entsteht eine weichere Arbeit. Soll das Muster flacher werden, häkeln Sie jede Noppe nur aus drei statt aus vier Stäbchen.

Hinweis: 1 N = 1 Noppe aus 4 Stb arb

Lftm-Zahl teilbar durch 4 + 3 Lftm.

Grundreihe (Hin-R): 1 Stb in die 4. Lftm von der Häkel-Nd aus, je 1 Stb in jede folgende Lftm bis R-Ende, wenden.

1. Reihe (Rück-R): 1 Lftm, je 1 fM in die ersten 2 Stb, * 1 N, je 1 fM in die nächsten 3 Stb; ab * fortlfd wdh bis zu den letzten 3 M, 1 N, 1 Stb in das nächste Stb, 1 fM in die 3. der am Beginn der Vor-R übergangenen 3 Lftm, wenden.

2. und 4. Reihe: 3 Lftm (für das 1. Stb), die 1. M übergehen, je 1 Stb in jede M bis R-Ende, wenden.

3. Reihe: 1 Lftm, je 1 fM in die ersten 4 Stb, * 1 N, je 1 fM in die nächsten 3 Stb; ab * fortlfd wdh, enden mit 1 Stb in die 3. der 3 Wende-Lftm, wenden.

5. Reihe: 1 Lftm, je 1 fM in die ersten 2 fM, * 1 N, je 1 fM in die nächsten 3 Stb; ab * fortlfd wdh bis zu den letzten 3 M, 1 N, 1 fM in das nächste Stb, 1 fM in die 3. der 3 Wende-Lftm, wenden.

Die 2.–5. R stets wdh, enden mit einer 4. R.

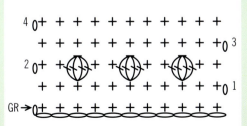

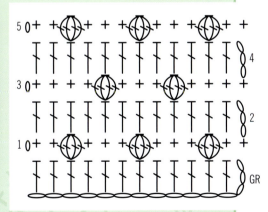

POPCORNMASCHEN

Eine Popcornmasche besteht aus drei, vier oder fünf Stäbchen, die in eine Einstichstelle gearbeitet, zusammengefasst und mit einer Luftmasche verbunden werden. Sie wirkt wie eine winzige, gefaltete Tasche, die auf der rechten Seite der Häkelarbeit hervortritt und ihr eine stark plastische Struktur verleiht.

EINFACHE POPCORNMASCHE

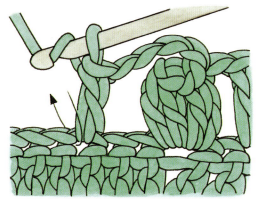

1 Eine Gruppe von 5 Stäbchen in eine einzige Einstichstelle arbeiten.

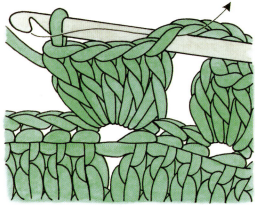

3 Um die Popcornmasche zu schließen, die Arbeitsschlinge wieder mit der Häkelnadel ergreifen und durchziehen, um die Maschengruppe zusammenzufassen und an der Spitze zu fixieren. Die Popcornmasche wird gesichert, indem man den Faden noch einmal um die Nadel legt und durch die Schlinge auf der Häkelnadel zieht.

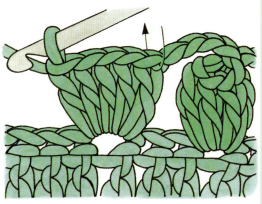

2 Die Häkelnadel aus der Arbeitsschlinge ziehen und unter beiden Maschengliedern des ersten Stäbchens der Gruppe einstechen.

TIPP

Wenn Sie sehr fest häkeln, können Sie für Schritt 2 und 3 eine dünnere Häkelnadel verwenden und zum Häkeln der Stäbchengruppe wieder zur ursprünglichen Nadelstärke zurückkehren.

Siehe auch: **Grundtechniken (Seite 12)**

MUSTER
SAMMLUNG

ZEICHENERKLÄRUNG

Grundreihe	**GR**
Luftmasche	o
feste Masche	+
Stäbchen	┬
Popcornmasche aus 5 Stäbchen	

POPCORN-SPITZE

Bei diesem Muster wechseln vertikale Reihen aus einzelnen Popcornmaschen mit einem reizvollen, spitzenartigen Hintergrund ab.

Hinweis: 1 PC = 1 Popcornmasche aus 5 Stb

Lftm-Zahl teilbar durch 8 + 2 Lftm.

Grundreihe (Hin-R): 1 fM in die 2. Lftm von der Häkel-Nd aus, * 1 Lftm, 3 Lftm übergehen, [1 Stb, 1 Lftm, 1 Stb, 1 Lftm, 1 Stb] in die nächste Lftm, 3 Lftm übergehen, 1 fM in die nächste Lftm; ab * fortlfd wdh bis R-Ende, wenden.

1. Reihe: 6 Lftm (für das 1. Stb + 3 Lftm), 1 Stb übergehen, 1 fM in das nächste Stb, * 3 Lftm, 1 PC in das nächste Stb, 3 Lftm, 1 Stb übergehen, 1 fM in das nächste Stb; ab * fortlfd wdh bis zur letzten fM, 3 Lftm, 1 Stb in die letzte fM, wenden.

2. Reihe: 1 Lftm, 1 fM in das 1. Stb, * 1 Lftm, [1 Stb, 1 Lftm, 1 Stb, 1 Lftm, 1 Stb] in die nächste fM, 1 Lftm, 1 fM in das Abmaschglied der nächsten PC; ab * fortlfd wdh, enden mit 1 fm in die 3. der 6 Lftm, wenden.

Die 1. und 2. R stets wdh, enden mit einer 2. R.

POPCORNSÄULEN

Die Popcornsäulen wirken deutlich schwerer als das links abgebildete Muster, ergeben aber einen Häkelstoff mit schönem Fall. In diesem Muster können Sie beispielsweise Decken arbeiten, die eine strukturierte Oberfläche haben sollen.

Hinweis: 1 PC = 1 Popcornmasche aus 3 Stb

Lftm-Zahl teilbar durch 11 + 5 Lftm.

Grundreihe (Hin-R): 1 Stb in die 4. Lftm von der Häkel-Nd aus, 1 Stb in die nächste Lftm, * 2 Lftm, die nächsten 3 Lftm übergehen, 1 PC in die nächste Lftm, 1 Lftm, 1 PC in die nächste Lftm, 1 Lftm, die nächsten 2 Lftm übergehen, je 1 Stb in die nächsten 3 Lftm; ab * fortlfd wdh bis R-Ende, wenden.

1. Reihe: 3 Lftm, das 1. Stb übergehen, je 1 Stb in die nächsten 2 Stb, * 3 Lftm, 1 Lftm und die nächste PC übergehen, 2 fM um den 1-Lftm-Bg zwischen den 2 PC, 3 Lftm, die nächste PC und den folgenden 2-Lftm-Bg übergehen, je 1 Stb in die nächsten 3 Stb; ab * fortlfd wdh, enden mit 1 Stb in die 3. der zu Beginn der Vor-R übergangenen 3 Lftm, wenden.

2. Reihe: 3 Lftm, das 1. Stb übergehen, je 1 Stb in die nächsten 2 Stb, * 2 Lftm, 3 Lftm übergehen, 1 PC in die nächste fM, 1 Lftm, 1 PC in die nächste fM, 1 Lftm, die nächsten 3 Lftm übergehen, je 1 Stb in die nächsten 3 Stb; ab * fortlfd wdh, enden mit 1 Stb in die 3. der 3 Wende-Lftm, wenden.

3. Reihe: 3 Lftm, das 1. Stb übergehen, je 1 Stb in die nächsten 2 Stb, * 3 Lftm, die nächste Lftm und die PC übergehen, 2 fM um den 1-Lftm-Bg zwischen den 2 PC, 3 Lftm, die nächste PC und den folgenden 2-Lftm-Bg übergehen, je 1 Stb in die nächsten 3 Stb; ab * fortlfd wdh, enden mit 1 Stb in die 3. der 3 Wende-Lftm, wenden.

Die 2. und 3. R stets wdh, enden mit einer 2. R.

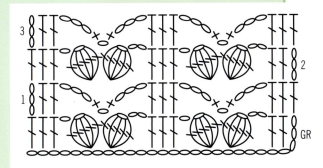

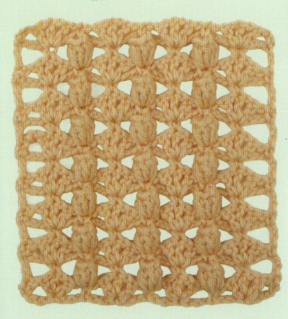

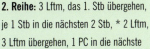

BÜSCHELMASCHEN

Büschelmaschen sind weiche, bauschige Maschengruppen mit weniger ausgeprägter Struktur als Noppen oder Popcornmaschen. Eine Büschelmasche besteht aus drei oder mehr halben Stäbchen, die in dieselbe Einstichstelle gearbeitet und zusammen abgemascht werden. Damit sie perfekt gelingen, ist ein wenig Übung notwendig.

EINFACHE BÜSCHELMASCHE

1 Den Faden um die Nadel legen (= 1 Umschlag), in die entsprechende Masche einstechen, den Faden holen und als Schlinge durchziehen (= 3 Schlingen auf der Häkelnadel).

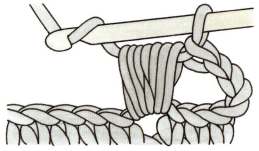

3 Den Faden holen und durch die Schlinge auf der Häkelnadel ziehen, um die Büschelmasche zu schließen und die Schlingen zu sichern.

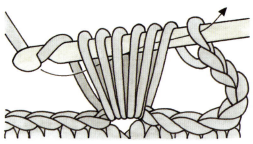

2 Diesen Arbeitsschritt noch 2 x wiederholen und dabei stets in dieselbe Stelle einstechen (= 7 Schlingen auf der Häkelnadel). Den Faden noch einmal holen und durch alle Schlingen auf der Häkelnadel zugleich ziehen.

Siehe auch: Noppen (Seite 42)
Popcornmaschen (Seite 44)

TIPP

Büschelmaschen sind nicht ganz einfach zu häkeln und bereiten vor allem Anfängern oft Probleme. Am besten üben Sie erst einmal mit einem glatten, stärkeren Garn und einer dicken Häkelnadel, bis Sie den Aufbau der Masche verstanden haben.

MUSTER SAMMLUNG

ZEICHENERKLÄRUNG

Grundreihe **GR**

Luftmasche ○

feste Masche +

halbes Stäbchen T

Stäbchen

2 zusammen abgemaschte Stäbchen

Büschelmasche aus 3 halben Stäbchen

Büschelmaschen 47

BÜSCHELMASCHENSTREIFEN

Dieses weiche, kuschelige Muster eignet sich hervorragend für Baby- oder Kniedecken aus feinem Garn.

Hinweis: 1 BM = 1 Büschelmasche aus 3 halben Stäbchen

Lftm-Zahl teilbar durch 2 + 2 Lftm.

Grundreihe (Rück-R): 1 fM in die 2. Lftm von der Häkel-Nd aus, * 1 Lftm, die nächste Lftm übergehen, 1 fM in die nächste Lftm; ab * fortlfd wdh bis R-Ende, wenden.

1. Reihe: 2 Lftm (für das 1. hStb), die 1. M übergehen, * 1 BM um den nächsten 1-Lftm-Bg, 1 Lftm, 1 fM übergehen; ab * fortlfd wdh, enden mit 1 BM um den letzten 1-Lftm-Bg, 1 hStb in die letzte fM, wenden.

2. Reihe: 1 Lftm, 1 fM in die 1. M; * 1 Lftm, 1 M übergehen, 1 fM um den nächsten 1-Lftm-Bg; ab* fortlfd wdh, enden mit 1 fM in die 2. der 2 Wende-Lftm, wenden.

Die 1. und 2. R stets wdh, enden mit einer 2. R.

BÜSCHELMASCHENWELLEN

Büschelmaschen ergeben in Kombination mit Abnahmegruppen dieses reizvolle Rippenmuster, das einfarbig oder in einem zweireihigen Streifenrapport mit zwei Schattierungen einer Farbe besonders attraktiv wirkt.

Hinweis: 1 BM = 1 Büschelmasche aus 3 hStb

2 Stb zus abm = 2 Stäbchen zusammen abmaschen

Lftm-Zahl teilbar durch 17 + 2 Lftm.

Grundreihe (Hin-R): 1 Stb in die 4. Lftm von der Häkel-Nd aus, 2 x [2 Stb über den nächsten 2 Lftm zus abm], * 5 x [1 Lftm, 1 BM in die nächste Lftm], 1 Lftm ** 6 x [2 Stb über den nächsten 2 Lftm zus abm]; ab * fortlfd wdh, den letzten Rapport bei ** beenden, wenn noch 6 Lftm übrig sind, enden mit 3 x [2 Stb über den nächsten 2 Lftm zus abm], wenden.

1. Reihe: 1 Lftm, 1 fM in die 1. M und in jede folgende M bzw. um jeden 1-Lftm-Bg bis R-Ende außer den in der Vor-R übergangenen 3 Lftm, wenden.

2. Reihe: 3 Lftm, die 1. M übergehen, 1 Stb in die nächste M, 2 x [2 Stb über den nächsten 2 M zus abm], * 5 x [1 Lftm, 1 BM in die nächste M], 1 Lftm ** 6 x [2 Stb über den nächsten 2 M zus abm]; ab * fortlfd wdh, den letzten Rapport bei ** beenden, wenn noch 6 M übrig sind, enden mit 3 x [2 Stb über den nächsten 2 M zus abm], die 3 Wende-Lftm übergehen, wenden.

Die 2. und 3. R fortlfd wdh, enden mit einer 2. R.

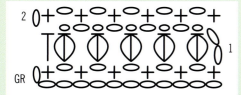

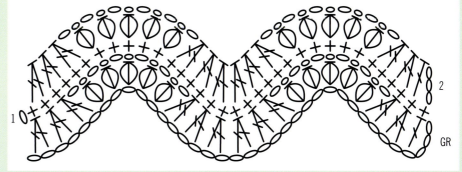

SCHLINGENMUSTER

Es gibt zwei Arten von Schlingenmustern: diejenigen, bei denen verlängerte Schlaufen aus dem Arbeitsfaden gebildet werden (Schlingenmasche), und die Muster, bei denen kurze Luftmaschenketten zu Schlingen geformt werden (Astrachanmuster). Beide Mustertypen ergeben eine reizvolle Struktur und eignen sich gut für Accessoires wie Schals und Mützen oder für Kragen und Manschetten an schlichten Kleidungsstücken.

SCHLINGENMASCHEN

Einfache Schlingenmaschen werden in Rückreihen aus festen Maschen gebildet, indem man eine Schlaufe des Arbeitsfadens mit dem Finger verlängert. Schlingenmaschen können bei jeder Masche entlang der Reihe in Gruppen oder im Wechsel mit einfachen festen Maschen gehäkelt werden. Meist arbeitet man am Beginn und am Ende der Reihe zwei oder mehr Maschen ohne Schlingen, um das Zusammennähen zu erleichtern.

1 Die linke Seite der Arbeit ist Ihnen zugewandt. Die Häkelnadel wie gewohnt in die nächste Masche einstechen. Mit einem Finger den Arbeitsfaden zu einer Schlinge der gewünschten Größe verlängern, beide Fäden der Schlinge mit der Häkelnadel erfassen und durch die Masche ziehen.

2 Den Finger aus der Schlinge nehmen und den Arbeitsfaden um die Häkelnadel legen.

3 Den Faden vorsichtig durch alle 3 Schlingen auf der Häkelnadel ziehen.

ASTRACHANMUSTER

Anders als die meisten anderen Häkelmuster wird das Astrachanmuster in hin- und hergehenden Reihen gehäkelt, ohne die Arbeit zu wenden. In den Hinreihen werden Schlingen aus Luftmaschenketten in die vorderen Maschenglieder der Vorreihe gehäkelt. Jede Schlingenreihe wird von einer Reihe Stäbchen ohne Schlingen in die hinteren Maschenglieder derselben Reihe wie die Schlingen gefolgt.

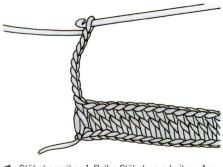

1 *Stäbchenreihe:* 1 Reihe Stäbchen arbeiten. Am Reihenende die in der Anleitung angegebene Zahl von Luftmaschen häkeln. Die Arbeit nicht wenden.

2 *Schlingenreihe:* Von links nach rechts arbeiten. Mit der Luftmaschenkette hinter der Häkelnadel 1 Kettmasche in das vordere Maschenglied des nächsten Stäbchens der Vorreihe häkeln. Bis zum Reihenende weiter Luftmaschenketten und Kettmaschen im Wechsel arbeiten. Die Arbeit am Ende der Reihe nicht wenden.

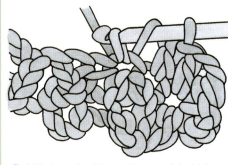

3 *Stäbchenreihe:* Von rechts nach links hinter den zuvor gearbeiteten Schlingen je 1 Stäbchen in das hintere Maschenglied jeder Masche der 1. Stäbchenreihe häkeln.

MUSTER SAMMLUNG

ZEICHENERKLÄRUNG

Grundreihe **GR**

Luftmasche o

feste Masche +

Stäbchen

Stäbchen ins hintere Maschenglied

Schlingenmasche

Kettmasche ins vordere Maschenglied

Arbeit nicht wenden

SCHLINGENMASCHENSTREIFEN

Hier werden die Schlingenmaschen in Gruppen gearbeitet, sodass strukturierte vertikale Streifen entstehen, die in interessantem Kontrast zum glatten Hintergrund stehen.

Lftm-Zahl teilbar durch 8 + 2 Lftm.

Grundreihe (Hin-R): 1 Stb in die 4. Lftm von der Häkel-Nd aus, je 1 Stb in jede folgende Lftm bis R-Ende, wenden.

1. Reihe: 1 Lftm, je 1 fM in die ersten 2 Stb, * je 1 Schlingen-M in die nächsten 4 Stb, je 1 fM in die nächsten 4 Stb; ab * fortlfd wdh bis zu den letzten 6 M, je 1 Schlingen-M in die nächsten 4 Stb, 1 fM in das nächste Stb, 1 fM in die 3. der 3 Lftm, wenden.

2. Reihe: 3 Lftm, die 1. M übergehen, je 1 Stb in jede M der Vor-R, die Lftm am R-Ende übergehen, wenden.

Die 1. und 2. R stets wdh, enden mit einer 1. R.

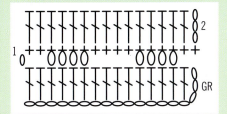

ASTRACHANMUSTER

Dadurch, dass in jeder 2. Reihe Schlingen aus Luftmaschenketten gehäkelt werden, ergibt sich dieses stark strukturierte Muster, für das die Arbeit am Reihenende nicht gewendet wird.

Beliebige Lftm-Zahl + 2 Lftm.

Grundreihe (Hin-R): 1 Stb in die 4. Lftm von der Häkel-Nd aus, je 1 Stb in jede folgende Lftm bis R-Ende; nicht wenden.

1. Reihe: Von links nach rechts arb. Das 1. Stb übergehen, * 7 Lftm, 1 Kett-M in das vordere M-Glied des rechts daneben liegenden Stb; ab * fortlfd wdh, die letzte Kett-M unter beide M-Glieder der 3. der zu Beginn übergangenen 3 Lftm arb.

2. Reihe: Von rechts nach links hinter den Schlingen der Vor-R arb. 3 Lftm, die 1. M übergehen, * 1 Stb ins hintere M-Glied des nächsten Stb der Grund-R arb; ab * fortlfd wdh bis R-Ende; nicht wenden.

3. Reihe: Von links nach rechts arbeiten. * 7 Lftm, das 1. Stb übergehen, 1 Kett-M in das vordere M-Glied des nächsten Stb zur Rechten; ab * fortlfd wdh bis R-Ende, die letzte Kett-M unter beide M-Glieder der 3. der 3 Lftm arb; nicht wenden.

4. Reihe: Von rechts nach links hinter den Schlingen der 3. R arb. 3 Lftm, die 1. M übergehen, * 1 Stb in das hintere M-Glied des nächsten Stb der 2. R; ab * fortlfd wdh bis R-Ende; nicht wenden.

Die 3. und 4. R stets wdh, enden mit einer 4. R.

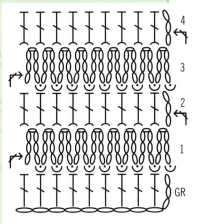

FILET- UND SPITZENMUSTER

Filet- und einfache Spitzenmuster sind unkompliziert zu arbeiten, doch muss man genau darauf achten, die richtige Maschenzahl in die Luftmaschenkette zu arbeiten. Diese Muster lassen sich vielseitig für Accessoires wie Stolen, aber auch für luftige, schlicht geschnittene Sommerkleidung verwenden.

MUSTERSAMMLUNG

FILETMUSTER

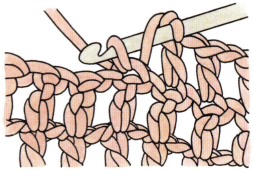

1 Beim Häkeln von Filetmustern müssen Sie besonders darauf achten, an der richtigen Stelle einzustechen. Bei diesem Muster sticht man die Häkelnadel stets in das Abmaschglied jeder Masche der Vorreihe ein.

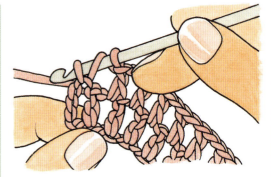

3 Für die letzte Masche der Reihe stechen Sie in die oberste Wendeluftmasche und nicht unter dem Luftmaschenbogen ein. Dadurch entsteht eine sauberere, festere Kante.

NETZMUSTER

2 Bei manchen Filetmustern sticht man die Häkelnadel unter den Luftmaschenbogen der Vorreihe ein. Stechen Sie nicht in die Luftmasche selbst, sondern in den Zwischenraum darunter ein.

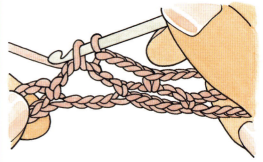

Netzmuster entstehen ähnlich wie Filetmuster, doch sind die Luftmaschenbogen in diesem Fall länger. Sie werden normalerweise mit festen Maschen um den jeweils darunterliegenden Luftmaschenbogen fixiert.

Siehe auch: **Häkeln auf Häkelgrund (Seite 110)**

ZEICHENERKLÄRUNG

Grundreihe **GR**

Luftmasche ○

feste Masche +

Stäbchen

Doppelstäbchen

Filet- und Spitzenmuster

EINFACHER FILETGRUND

Dieses Muster ist sehr einfach zu häkeln und eignet sich gut als Einstieg in die Filethäkelei. Außerdem lassen sich auf diesen Hintergrund andere Muster aufhäkeln.

Lftm-Zahl teilbar durch 2 + 3 Lftm.

Grundreihe (Hin-R): 1 Stb in die 6. Lftm von der Häkel-Nd aus, * 1 Lftm, die nächste Lftm übergehen, 1 Stb in die nächste Lftm; ab * fortlfd wdh bis R-Ende, wenden.

1. Reihe: 4 Lftm (für das 1. Stb + 1 Lftm), * 1 Stb in das nächste Stb, 1 Lftm; ab * fortlfd wdh bis R-Ende, das letzte Stb in die 2. der am Beginn der Vor-R übergangenen 5 Lftm arb, wenden.

2. Reihe: 4 Lftm (für das 1. Stb + 1 Lftm), * 1 Stb in das nächste Stb, 1 Lftm; ab * fortlfd wdh bis R-Ende, das letzte Stb in die 3. der 3 Wende-Lftm arb, wenden.

Die 2. R stets wdh.

EINFACHES NETZMUSTER

Dieses ebenfalls leicht zu häkelnde Muster eignet sich gut für leichte Umschlagtücher, Schals und Stolen. Es ist beidseitig verwendbar, sodass Sie selbst entscheiden können, welche Seite die Schauseite sein soll.

Lftm-Zahl teilbar durch 4 + 2 Lftm.

Grundreihe: 1 fM in die 6. Lftm von der Häkel-Nd aus, 5 Lftm, 3 Lftm übergehen, 1 fM in die nächste Lftm; ab * fortlfd wdh bis R-Ende, wenden.

1. Reihe: * 5 Lftm, 1 fM um den nächsten 5-Lftm-Bg; ab * fortlfd wdh bis R-Ende, wenden.

Die 1. R stets wdh.

▶ **Fortsetzung auf Seite 52**

FANTASIE-FILETMUSTER

Dieses Muster ist etwas anspruchsvoller als die beiden vorhergehenden Muster. Die fertige Häkelarbeit ist weich und hat einen schönen Fall. Welche Seite die Schauseite sein soll, können Sie selbst entscheiden.

Lftm-Zahl teilbar durch 18 + 8 Lftm.

Grundreihe: 1 Stb in die 8. Lftm von der Häkel-Nd aus, * 2 Lftm, die nächsten 2 Lftm übergehen, 1 Stb in die nächste Lftm; ab * fortlfd wdh bis R-Ende, wenden.

1. Reihe: 5 Lftm (für das 1. Stb + 2 Lftm), das 1. Stb übergehen, 1 Stb in das nächste Stb, * 4 Lftm, je 1 DStb die nächsten 4 Stb, 4 Lftm, 1 Stb in das nächste Stb, 2 Lftm, 1 Stb in das nächste Stb; ab * fortlfd wdh bis R-Ende, das letzte Stb in die 3. der am Beginn der Vor-R übergangenen 7 Lftm arb, wenden.

2. Reihe: 5 Lftm, das 1. Stb übergehen, 1 Stb in das nächste Stb, * 4 Lftm, je 1 fM in die nächsten 4 DStb, 4 Lftm, 1 Stb in das nächste Stb, 2 Lftm, 1 Stb in das nächste Stb; ab * fortlfd wdh bis R-Ende, das letzte Stb in die 3. der 5 Wende-Lftm arb, wenden.

3. und 4. Reihe: 5 Lftm, das 1. Stb übergehen, 1 Stb in das nächste Stb, * 4 Lftm, je 1 fM in die nächsten 4 fM, 4 Lftm, 1 Stb in das nächste Stb, 2 Lftm, 1 Stb in das nächste Stb; ab * fortlfd wdh bis R-Ende, das letzte Stb in die 3. der 5 Wende-Lftm arb, wenden.

5. Reihe: 5 Lftm, das 1. Stb übergehen, 1 Stb in das nächste Stb, * 2 Lftm, 4 x [1 DStb in die nächste fM], 1 Stb in das nächste Stb, 2 Lftm, 1 Stb in das nächste Stb; ab * fortlfd wdh bis R-Ende, das letzte Stb in die 3. der 5 Wende-Lftm arb, wenden.

6. Reihe: 5 Lftm, das 1. Stb übergehen, 1 Stb in das nächste Stb, * 2 Lftm, 4 x [1 Stb in das nächste DStb, 2 Lftm], 1 Stb in das nächste Stb, 2 Lftm, 1 Stb in das nächste Stb; ab * fortlfd wdh bis R-Ende, das letzte Stb in die 3. der 5 Wende-Lftm arb, wenden.

7. Reihe: 5 Lftm, das 1. Stb übergehen, 1 Stb in das nächste Stb, * 4 Lftm, je 1 DStb in die nächsten 4 Stb, 1 Stb in das nächste Stb,

Zeichenerklärung siehe Seite 50

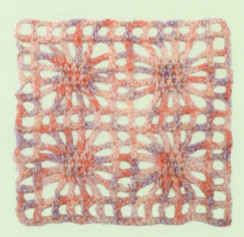

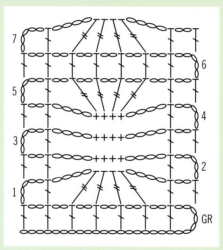

2 Lftm, 1 Stb in das nächste Stb; ab * fortlfd wdh bis R-Ende, das letzte Stb in die 3. der 5 Lftm arb, wenden.

Die 2.–7. R stets wdh; mit einer 6. R enden.

MUSCHELGITTER

Mit seiner Kombination aus einem Gittermuster und Muscheln bietet sich dieses Muster für einen Schal oder ein Umschlagtuch für ein Baby an. Verwenden Sie ein feines Garn, das die Raffinesse des Musters gut zur Geltung bringt.

Lftm-Zahl teilbar durch 12 + 3 Lftm.

Grundreihe (Hin-R): 2 Stb in die 4. Lftm von der Häkel-Nd aus, * 2 Lftm übergehen, 1 fM in die nächste Lftm, 5 Lftm, 5 Lftm übergehen, 1 fM in die nächste Lftm, 2 Lftm übergehen, 5 Stb in die nächste Lftm; ab * fortlfd wdh bis R-Ende, jedoch nur 3 Stb in die letzte Lftm arb, wenden.

1. Reihe: 1 Lftm, 1 fM in die 1. M, * 5 Lftm, 1 fM um den nächsten 5-Lftm-Bg, 5 Lftm, 1 fM in das 3. Stb der nächsten 5-Stb-Gruppe; ab * fortlfd wdh bis R-Ende, die letzte fM in die 3. der am Beginn der Vor-R übergangenen 3 Lftm arb, wenden.

2. Reihe: * 5 Lftm, 1 fM um den nächsten 5-Lftm-Bg, 5 Stb in das nächste Stb, 1 fM um den nächsten 5-Lftm-Bg; ab * fortlfd wdh, enden mit 2 Lftm, 1 Stb in die letzte fM, wenden.

3. Reihe: 1 Lftm, 1 fM in die 1. M, * 5 Lftm, 1 fM in das 3. Stb der nächsten 5-Stb-Gruppe, 5 Lftm, 1 fM um den nächsten 5-Lftm-Bg; ab * fortlfd wdh bis R-Ende, wenden.

4. Reihe: 3 Lftm, 2 Stb in die 1. M, * 1 fM um den nächsten 5-Lftm-Bg, 5 Lftm, 1 fM um den nächsten 5-Lftm-Bg, 5 Stb in die nächste fM; ab * fortlfd wdh bis R-Ende, jedoch nur 3 Stb in die letzte Lftm arb, wenden.

5. Reihe: 1 Lftm, 1 fM in die 1. M, * 5 Lftm, 1 fM um den nächsten 5-Lftm-Bg, 5 Lftm, 1 fM in das 3. Stb der nächsten 5-Stb-Gruppe; ab * fortlfd wdh bis R-Ende, die letzte fM in die 3. der am Beginn der Vor-R übergangenen Lftm arb, wenden.

Die 2.–5. R stets wdh; mit einer 4. R enden.

Filet- und Spitzenmuster 53

1. Reihe: 3 Lftm, 2 Stb in das 1. Stb, 2 Lftm, die nächsten 3 Stb übergehen, 1 fM in das nächste Stb, 5 Lftm, die nächsten 3 Stb übergehen, 1 fM in das nächste Stb, 2 Lftm, die nächsten 3 Stb übergehen, * 5 Stb in das nächste Stb, 2 Lftm, die nächsten 3 Stb übergehen, 1 fM in das nächste Stb, 5 Lftm, die nächsten 3 Stb übergehen, 1 fM in das nächste Stb, 2 Lftm, die nächsten 3 Stb übergehen; ab * fortlfd wdh, enden mit 3 Stb in die 3. der am Beginn der Vor-R übergangenen 3 Lftm, wenden.

2. Reihe: 4 Lftm, das 1. Stb übergehen, 1 Stb in das nächste Stb, 1 Lftm, 1 Stb in das nächste Stb, 2 Lftm, den nächsten 2-Lftm-Bg übergehen, 1 fM um den nächsten 5-Lftm-Bg, 1 Lftm übergehen, * 4 x [1 Stb in das nächste Stb, 1 Lftm], 1 Stb in das nächste Stb, 2 Lftm, den nächsten 2-Lftm-Bg übergehen, 1 fM um den nächsten 5-Lftm-Bg, 2 Lftm; ab * fortlfd wdh bis zu den letzten 2 Stb, 2 x [1 Stb in das nächste Stb, 1 Lftm], 1 Stb in die 3. der 3 Wende-Lftm, wenden.

3. Reihe: 5 Lftm, das 1. Stb übergehen, 1 Stb in das nächste Stb, 2 Lftm, 1 Stb in das nächste Stb, * die nächste fM übergehen, 4 x [1 Stb in das nächste Stb, 2 Lftm], 1 Stb in das nächste Stb; ab * fortlfd wdh bis zur letzten fM, diese letzte fM übergehen, 2 x [1 Stb in das nächste Stb, 2 Lftm], 1 Stb in die 3. der 4 Wende-Lftm, wenden.

4. Reihe: 3 Lftm, 2 Stb um den nächsten 2-Lftm-Bg, 1 Stb in das nächste Stb, 2 Stb um den nächsten 2-Lftm-Bg, das nächste Stb übergehen, 1 Stb in das nächste Stb, * 3 x [2 Stb um den nächsten 2-Lftm-Bg, 1 Stb in das nächste Stb], 2 Stb um den nächsen 2-Lftm-Bg, das nächste Stb übergehen, 1 Stb in das nächste Stb; ab * fortlfd wdh bis zum letzten 2-Lftm-Bg, 2 Stb um den letzten 2-Lftm-Bg, 1 Stb in das nächste Stb, 2 in den 5-Lftm-Bg, 2 der 5 Lftm übergehen, 1 Stb in die 3. der 5 Lftm, wenden.

5. Reihe: 3 Lftm, 2 Stb in das 1. Stb, 2 Lftm, die nächsten 3 Stb übergehen, 1 fM in das nächste Stb, 5 Lftm, die nächsten 3 Stb übergehen, 1 fM in das nächste Stb, 2 Lftm, die nächsten 3 Stb übergehen, * 5 Stb in das nächste Stb, 2 Lftm, die nächsten 3 Stb übergehen, 1 fM in das nächste Stb, 5 Lftm, die nächsten 3 Stb übergehen, 1 fM in das nächste Stb, 2 Lftm, die nächsten 3 Stb übergehen; ab * fortlfd wdh, enden mit 3 Stb in die 3. der 3 Wende-Lftm, wenden.

Die 2.–5. R stets wdh; enden mit einer 4. R.

FÄCHERSPITZE (Abb. rechts)

Dieses attraktive, großformatige Spitzenmuster aus festen Maschen und Stäbchen ist überraschend einfach zu häkeln. Arbeiten Sie damit ein hübsches Umschlagtuch für Sommerabende aus einem weichen Baumwoll- oder Baumwollmischgarn.

Lftm-Zahl teilbar durch 12 + 3 Lftm.

Grundreihe (Hin-R): 1 Stb in die 4. Lftm von der Häkel-Nd aus, 1 Stb in jede folgende M bis R-Ende, wenden.

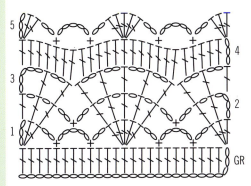

FILETHÄKELEI

Die Filethäkelei ist eine Durchbruchhäkelei aus einem Gittergrund, in dem ausgefüllte Maschenkaros das eigentliche Muster bilden. Traditionell wird diese Technik mit feinem Baumwollgarn gearbeitet, doch haben die Muster auch mit Wollgarn gehäkelt ihren Reiz.

MUSTER IN FILETTECHNIK

Filetmuster werden stets nach einer Zählvorlage (Zählmuster) gearbeitet, die das Muster so zeigt, wie es auf der rechten Seite der Arbeit erscheint. Die Reihen der Zählvorlage sind seitlich nummeriert; gehäkelt wird in der Abfolge der Nummern von der Unterkante des Zählmusters (1. Reihe) nach oben und von einer Seite zur anderen (siehe Zählvorlage unten).

Ein Filetkästchen besteht aus einem Anfangsstäbchen, zwei Luftmaschen für ein leeres bzw. zwei Stäbchen für ein gefülltes Kästchen und einem Endstäbchen. Das Endstäbchen ist gleichzeitig das Anfangsstäbchen des nächsten Filetkästchens.

Zählvorlagen für Filetmuster beginnen mit der ersten Reihe; die Luftmaschenkette wird nicht dargestellt. Um die erforderliche Luftmaschenzahl zu berechnen, müssen Sie die Zahl der Kästchen über die Breite des Musters mit drei multiplizieren und eins addieren. Ist die Vorlage 20 Kästchen breit, schlagen Sie 61 Luftmaschen an (20 x 3 + 1). Fügen Sie außerdem genügend Wendeluftmaschen hinzu, je nachdem, ob die erste Reihe mit einem leeren oder einem gefüllten Kästchen beginnt.

2 benachbarte, gefüllte Kästchen des Zählmusters entsprechen 7 Stäbchen.

Wenn ein Kästchen der Zählvorlage ausgefüllt ist, werden die 2 Luftmaschen durch 2 Stäbchen ersetzt, sodass ein Block aus 4 Maschen entsteht.

Reihen mit ungeraden Nummern (= Hinreihen) von rechts nach links lesen.

Reihen mit geraden Nummern (= Rückreihen) von links nach rechts lesen.

Jedes freie Kästchen entspricht einem leeren Filetkaro aus 2 Stäbchen, die durch 2 Luftmaschen voneinander getrennt sind.

3 gefüllte Kästchen nebeneinander entsprechen 10 Stäbchen.

☐ 1 leeres Kästchen
● 1 gefülltes Kästchen

Siehe auch: **Filet- und Spitzenmuster (Seite 50)**

HÄKELN DER 1. REIHE

DAS 1. KÄSTCHEN IST LEER

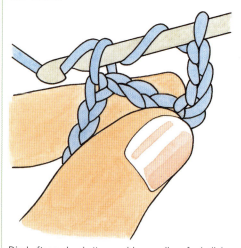

Die Luftmaschenkette anschlagen; die erforderliche Maschenzahl berechnen, wie oben beschrieben. In der rechten unteren Ecke des Zählmusters beginnen und die Kästchenreihe mit der Nummer 1 arbeiten. Ist das 1. Kästchen leer, 4 Wendeluftmaschen zugeben und das 1. Stäbchen in die 8. Luftmasche von der Häkelnadel aus arbeiten. Weiter leere und gefüllte Kästchen entlang der Reihe häkeln und dabei das Zählmuster von rechts nach links lesen.

DAS 1. KÄSTCHEN IST GEFÜLLT

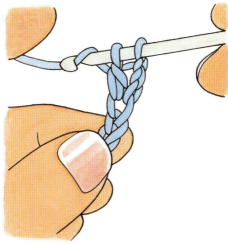

1 Wenn das 1. Kästchen des Zählmusters gefüllt ist, 2 Wendeluftmaschen zugeben und das 1. Stäbchen in die 4. Luftmasche von der Häkelnadel aus arbeiten.

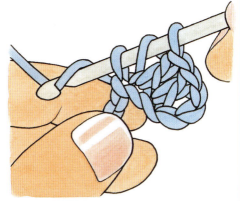

2 Je 1 Stäbchen in die nächsten 2 Luftmaschen arbeiten, um das 1. gefüllte Kästchen zu vollenden. Weiter entlang der Reihe häkeln und dabei die Zählvorlage von rechts nach links lesen.

NACH ZÄHLVORLAGE WEITERHÄKELN

Am Ende der 1. Reihe die Arbeit wenden und mit der 2. Reihe der Zählvorlage fortfahren, dabei die Reihe von links nach rechts lesen. Leere und gefüllte Kästchen am Beginn und am Ende der 2. und aller weiteren Reihen arbeiten wie folgt:

LEERES KÄSTCHEN ÜBER EINEM LEEREN KÄSTCHEN DER VORREIHE

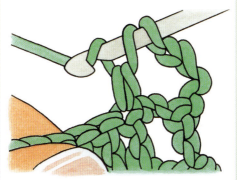

1 Am Reihenbeginn 5 Wendeluftmaschen arbeiten (für 1 Stäbchen + 2 Luftmaschen), die 1. Masche und die nächsten 2 Luftmaschen übergehen, 1 Stäbchen in das nächste Stäbchen häkeln, dann weiter leere und gefüllte Kästchen nach Zählmuster arbeiten

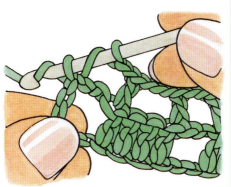

2 Am Reihenende 1 Stäbchen in das letzte Stäbchen der Vorreihe arbeiten, 2 Luftmaschen häkeln, 2 Luftmaschen übergehen, 1 Stäbchen in die 3. der 5 Wendeluftmaschen häkeln, wenden.

LEERES KÄSTCHEN ÜBER EINEM GEFÜLLTEN KÄSTCHEN DER VORREIHE

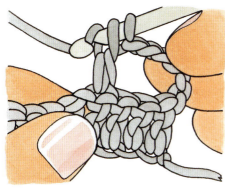

1 Am Reihenbeginn 5 Wendeluftmaschen arbeiten (für 1 Stäbchen + 2 Luftmaschen), die ersten 3 Maschen übergehen, 1 Stäbchen in das nächste Stäbchen häkeln, dann weiter leere und gefüllte Kästchen nach Zählvorlage arbeiten.

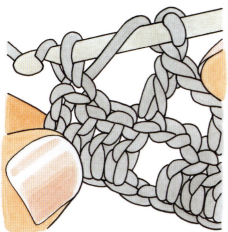

2 Am Reihenende bis zu den letzten 4 Maschen arbeiten; 1 Stäbchen in die nächste Masche, 2 Luftmaschen, 2 Maschen übergehen, 1 Stäbchen in die oberste der 3 Wendeluftmaschen arbeiten, um das Kästchen zu schließen, wenden.

GEFÜLLTES KÄSTCHEN ÜBER EINEM LEEREN KÄSTCHEN DER VORREIHE

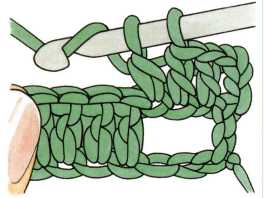

1. Am Reihenbeginn 3 Wendeluftmaschen (für 1 Stäbchen) arbeiten, 1 Masche übergehen, je 1 Stäbchen in die nächsten 2 Luftmaschen, 1 Stäbchen in die nächste Masche, um das Kästchen abzuschließen. Weiter leere und gefüllte Kästchen nach der Zählvorlage arbeiten.

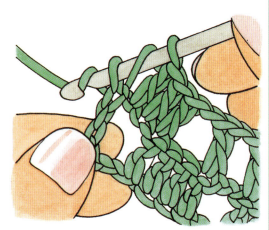

2. Am Reihenende 1 Stäbchen in das letzte Stäbchen der Vorreihe häkeln, je 1 Stäbchen in jede der folgenden 3 Wendeluftmaschen, wenden.

GEFÜLLTES KÄSTCHEN ÜBER EINEM GEFÜLLTEN KÄSTCHEN DER VORREIHE

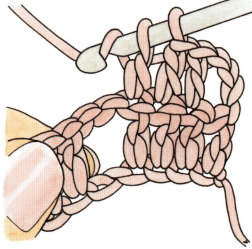

1. Am Reihenbeginn 3 Wendeluftmaschen (für 1 Stäbchen) arbeiten, 1 Masche übergehen, je 1 Stäbchen in die nächsten 3 Stäbchen häkeln, um das Kästchen abzuschließen. Weiter leere und gefüllte Kästchen nach der Zählvorlage arbeiten.

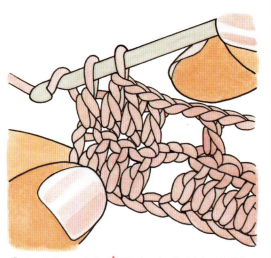

2. Am Reihenende je 1 Stäbchen in die letzten 3 Stäbchen der Vorreihe arbeiten, mit 1 Stäbchen in die oberste der 3 Wendeluftmaschen enden, wenden.

MUSTER
SAMMLUNG

ZEICHENERKLÄRUNG

1 leeres Kästchen ☐

1 gefülltes Kästchen ●

SCHACHBRETTMUSTER

Bei diesem Muster, einem der einfachsten in Filettechnik, wechseln leere und gefüllte Kästchen regelmäßig ab. Es ist leicht zu häkeln und eignet sich ausgezeichnet für leichte Decken und Überwürfe.

WINZIGE BLÜTEN

Dieses Muster wirkt leichter als das Schachbrettmuster. Gruppen aus vier gefüllten Kästchen werden zu stilisierten Blüten angeordnet, die gleichmäßig über den Filetgrund verteilt sind.

HERZ

Die Filettechnik bietet sich für stark vereinfachte Motive an. Das Herz können Sie nicht nur einzeln arbeiten, sondern mehrere davon zu einer ganzen Herzbordüre kombinieren.

SITZENDE KATZE

Diese Katze sieht besonders hübsch aus, wenn sie als Borte für eine Babydecke mehrfach wiederholt wird. Verwenden Sie dafür ein leichtes Babygarn und eine möglichst dünne Häkelnadel, um das Motiv bestmöglich zur Geltung zu bringen.

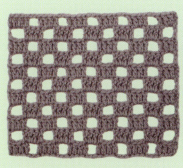
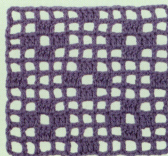

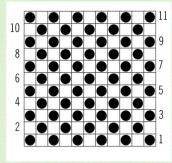
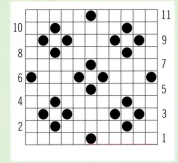
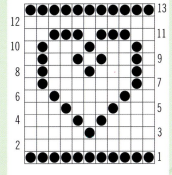
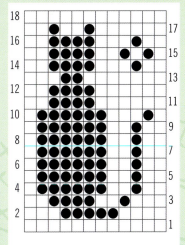

ZACKENMUSTER

Zackenmuster werden wie horizontale Streifen gehäkelt, doch bei dieser Art von Streifenmustern werden in regelmäßigen Abständen innerhalb der Reihe Maschen zu- und abgenommen.

Durch das Zu- und Abnehmen von Maschen entsteht eine gleichmäßige Abfolge von Spitzen und Tälern, die durch Maschengruppen voneinander getrennt sind. Die Zacken können je nach Muster spitz zulaufen oder sanfte Wellen bilden, und auch die Maschenzahl zwischen den Zacken beeinflusst die Gesamtwirkung.

Bei einfachen Zackenmustern wird der Musterrapport normalerweise in der ersten Reihe nach der Grundreihe eingeteilt, die in die Luftmaschenkette gehäkelt wird. Diese Reihe wird dann bis zur gewünschten Höhe stets wiederholt. Kompliziertere Zackenmuster, bei denen glatte, strukturierte und Spitzenmuster kombiniert werden, entstehen auf die gleiche Weise, doch wird jeder Mustersatz über mehrere Reihen hinweg gearbeitet. Setzen Sie neue Farben am Ende der Reihe an, wie bei den einfachen Streifenmustern beschrieben.

Siehe auch: **Grundtechniken (Seite 12)**
Streifenmuster (Seite 32)

ZACKENMUSTER AUS FESTEN MASCHEN

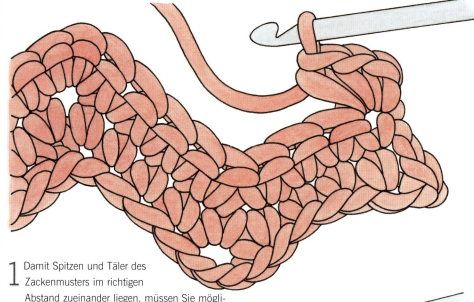

1 Damit Spitzen und Täler des Zackenmusters im richtigen Abstand zueinander liegen, müssen Sie möglicherweise am Beginn und/oder am Ende jeder Reihe eine oder mehrere Maschen zusätzlich arbeiten. Bei diesem einfachen Muster werden jeweils 2 feste Maschen in die 1. Masche jeder Reihe gehäkelt.

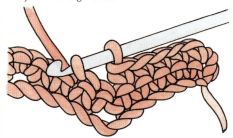

2 Für die unteren V-Formen des Zackenmusters (die „Täler") 2 feste Maschen übergehen, dann die nächste Gruppe aus festen Maschen arbeiten.

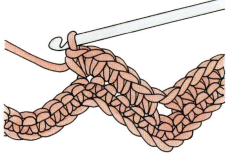

3 Für die A-Formen des Zackenmusters (die „Berge") jeweils 3 feste Maschen in eine einzige Masche der Vorreihe häkeln.

MUSTER SAMMLUNG

ZACKENMUSTER AUS FESTEN MASCHEN

Garn: 3 Farben (A, B und C)

Lftm-Zahl teilbar durch 11 + 2 Lftm.

Mit Fb A eine Lftm-Kette in der gewünschten Länge anschl.

Grundreihe (Hin-R): 2 fM in die 2. Lftm von der Häkel-Nd aus, * je 1 fM in die nächsten 4 Lftm, die nächsten 2 fM übergehen, je 1 fM in die nächsten 4 Lftm, 3 fM in die nächste Lftm; ab * fortlfd wdh, enden mit 2 fM in die letzte Lftm, wenden.

1. Reihe: 1 Lftm, 2 fM in die 1. fM, * je 1 fM in die nächsten 4 fM, die nächsten 2 fM übergehen, je 1 fM in die nächsten 4 fM, 3 fM in die nächste fM; ab * fortlfd wdh, wenden mit 2 fM in die letzte fM, wenden.

Die 1. R stets wdh, dabei die Fb wechseln wie folgt:

4 R in Fb A, 4 R in Fb B, 4 R in Fb C.

Diese Streifenfolge stets wdh.

Faden abschneiden und sichern.

ZEICHENERKLÄRUNG

Grundreihe	**GR**
Luftmasche	o
feste Masche	+
Kettmasche	.
Stäbchen	
3 Stäbchen zusammen abmaschen	

▸ Fortsetzung auf Seite 60

STREIFENMUSTER AUS STÄBCHEN

Garn: 2 Farben (A und B)

Lftm-Zahl teilbar durch 13.

Mit Fb A eine Lftm-Kette in der gewünschten Länge anschl.

Grundreihe (Hin-R): 1 Stb in die 4. Lftm von der Häkel-Nd aus, je 1 Stb in die nächsten 3 Lftm, * 3 Stb in die nächste Lftm, je 1 Stb in die nächsten 5 Lftm, die nächsten 2 Lftm übergehen, je 1 Stb in die nächsten 5 Lftm; ab * fortlfd wdh bis zu den letzten 6 Lftm, 3 Stb in die nächste Lftm, je 1 Stb in die nächsten 5 Lftm, wenden.

1. Reihe: 1 Kett-M in das 2. Stb, 3 Lftm, je 1 Stb in die nächsten 4 Stb, * 3 Stb in das nächste Stb, je 1 Stb in die nächsten 5 Stb, die nächsten 2 Stb übergehen, je 1 Stb in die nächsten 5 Stb; ab * fortlfd wdh bis zu den letzten 6 M, 3 Stb in das nächste Stb, je 1 Stb in die nächsten 5 Stb, wenden.

Die 1. R stets wdh, dabei die Fb wechseln wie folgt:

2 R in Fb A, 2 R in Fb B.

Diese Streifenfolge stets wdh.

Faden abschneiden und sichern.

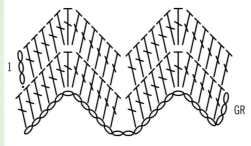

WELLENMUSTER

Garn: 3 Farben (A, B und C)

Lftm-Zahl teilbar durch 14 + 3 Lftm.

Mit Fb A eine Lftm-Kette in der gewünschten Länge anschl.

Grundreihe (Hin-R): 2 Stb in die 4. Lftm von der Häkel-Nd aus, je 1 Stb in die nächsten 3 Lftm, 2 x [über den nächsten 3 Lftm 3 Stb zus abm], je 1 Stb in die nächsten 3 Lftm, * 3 Stb in die nächsten 2 Lftm, je 1 Stb in die nächsten 3 Lftm, 2 x [über den nächsten 3 Lftm 3 Stb zus abm], je 1 Stb in die nächsten 3 Lftm; ab * fortlfd wdh bis zur letzten Lftm, 3 Stb in die letzte Lftm, wenden.

1. Reihe: 3 Lftm, 2 Stb in das 1. Stb, je 1 Stb in die nächsten 3 Stb, 2 x 3 Stb zus abm, je 1 Stb in die nächsten 3 Stb, * je 3 Stb in die nächsten 2 Stb, je 1 Stb in die nächsten 3 Stb, 2 x 3 Stb zus abm, je 1 Stb in die nächsten 3 Stb; ab * fortlfd wdh bis zu den am Beginn der Vor-R übergangenen Lftm, 3 Stb in die 3. dieser 3 Lftm, wenden.

2. Reihe: 3 Lftm, 2 Stb in das 1. Stb, je 1 Stb in die nächsten 3 Stb, 2 x 3 Stb zus abm, je 1 Stb in die nächsten 3 Stb, * je 3 Stb in die nächsten 2 Stb, je 1 Stb in die nächsten 3 Stb, 2 x 3 Stb zus abm, je 1 Stb in die nächsten 3 Stb; ab * fortlfd wdh bis zu den Wende-Lftm, 3 Stb in die 3. der 3 Wende-Lftm, wenden.

Die 2. R stets wdh, dabei die Fb wechseln wie folgt:

2 R in Fb A, 1 R in Fb B, 2 R in Fb A, 1 R in Fb B.

Diese Streifenfolge stets wdh.

Faden abschneiden und sichern.

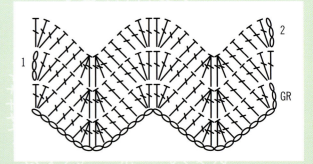

Zackenmuster 61

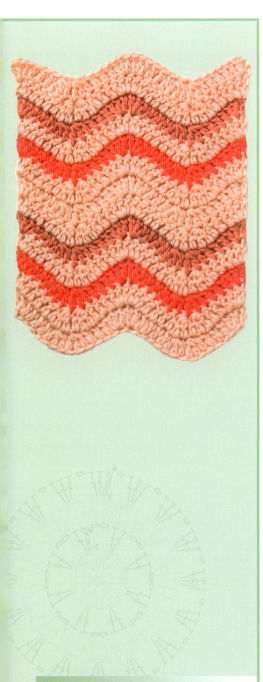

Zeichenerklärung siehe Seite 59

ZACKENMUSTER AUS STÄBCHEN

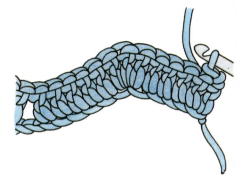

1 Statt zusätzliche Maschen am Reihenbeginn zu arbeiten, müssen Sie möglicherweise eine oder mehrere Kettmaschen arbeiten, um Faden und Häkelnadel an die richtige Stelle für den Beginn der nächsten Reihe zu bringen. Bei diesem Muster wenden Sie und häkeln eine Kettmasche in das 2. Stäbchen der Reihe, bevor Sie die Wendeluftmaschen arbeiten.

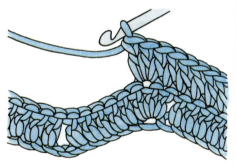

2 Für die A-Formen (die „Berge") werden 3 Maschen in 1 Masche der Vorreihe gehäkelt. Häkeln Sie die Maschengruppe vor der Spitze, dann arbeiten Sie 3 Stäbchen in das nächste Stäbchen. Die Täler werden gearbeitet wie beim zuvor beschriebenen Muster aus festen Maschen, indem man einfach 2 Maschen in der Vertiefung übergeht.

WELLENMUSTER AUS STÄBCHEN

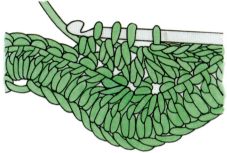

1 Weiche Wellen entstehen durch 2 Gruppen von Zu- und Abnahmen an Spitzen und Tälern anstelle einer einzigen wie bei den Zackenmustern. Für die Täler über sechs Maschen der Vorreihe 2 x 3 Stäbchen zusammen abmaschen.

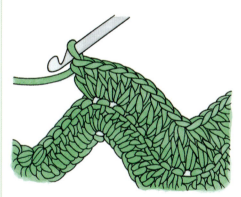

2 Für die Spitzen in die mittleren beiden Maschen des Wellenberges jeweils 3 Stäbchen häkeln.

TIEFGESTOCHENE MASCHEN

Tiefgestochene Maschen werden über andere Maschen hinweg gearbeitet, um der Häkelarbeit zusätzliche Farb- und Struktureffekte zu verleihen. Die Maschen – meist feste Maschen – werden einzeln oder in Gruppen über eine oder mehrere Reihe gehäkelt.

Mit tiefgestochenen Maschen lassen sich interessante Muster in zwei oder mehr Farben gestalten. Dabei entsteht ein dicker, dichter und nicht sehr weich fallender Stoff, der sich gut für Erwachsenenkleidung und Accessoires wie Hüte und Taschen eignet.

Tiefgestochene Maschen können in jeder Farbkombination gearbeitet werden.

Durch tiefgestochene Maschen entsteht ein dicker Häkelstoff.

TIPP
Wenn Sie diese Technik zum ersten Mal ausprobieren, erkennen Sie leichter, was vor sich geht, wenn Sie jede Reihe in einer anderen Garnfarbe häkeln.

TIEFGESTOCHENE MASCHEN ÜBER FESTEN MASCHEN

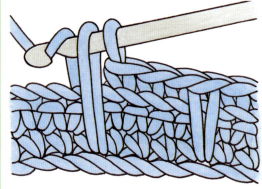

1 Die Häkelnadel so viele Reihen tiefer einstechen, wie in der Anleitung angegeben, dabei die Nadelspitze ganz zur linken Seite der Arbeit durchstechen. Den Faden um die Nadel legen und durchziehen, dabei die Schlinge bis zur aktuellen Reihe hochziehen.

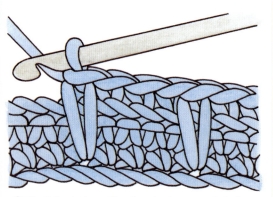

2 Die tiefgestochene Masche wie eine normale feste Masche beenden. Den Faden bei den tiefgestochenen Maschen nicht zu fest anziehen, damit sich die Arbeit nicht verzieht.

MUSTER SAMMLUNG

ZEICHENERKLÄRUNG

Grundreihe **GR**

Luftmasche ○

feste Masche +

tiefgestochene Masche

Farbwechsel ◁

Tiefgestochene Maschen 63

STREIFEN MIT TIEFGESTOCHENEN MASCHEN

Streifen in kontrastierenden Farben bringen die tiefgestochenen Maschen perfekt zur Geltung. Bei diesem Muster wechselt die Farbe alle zwei Reihen. Der Faden in der jeweils nicht benötigten Farbe wird locker an der Seite mitgeführt, damit nicht so viele Fadenenden zu vernähen sind.

Hinweis: tgM = tiefgestochene Masche (2 R unter der nächsten M einstechen und 1 fM arb)

Garn: 2 Farben (A und B)

Lftm-Zahl teilbar durch 8 + 1 Lftm.

Mit Fb A eine Lftm-Kette in der gewünschten Länge anschl.

Grundreihe (Hin-R): Mit Fb A 1 fM in die 2. Lftm von der Häkel-Nd aus, je 1 fM in jede folgende Lftm bis R-Ende, wenden.

1. Reihe: Mit Fb A 1 Lftm, je 1 fM in jede fM bis R-Ende, wenden.

Fb B anschlingen, aber Fb A nicht abschneiden.

2. Reihe: Mit Fb B 1 Lftm, * je 1 fM in die nächsten 3 fM, 2 tgM, je 1 fM in die nächsten 3 fM; ab * fortlfd wdh bis R-Ende, wenden.

3. Reihe: Mit Fb B 1 Lftm, je 1 fM in jede fM bis R-Ende, wenden.

4. Reihe: Mit Fb A wie die 2. R häkeln.

Die 1.–4. R stets wdh, enden mit einer 1. R.

VERSETZTE TIEFGESTOCHENE MASCHEN

Dies ist ein reizvolles Muster, das einen dicken, strukturierten Häkelstoff ergibt. Arbeitet man es in einer einzigen Farbe, so kann es beidseitig verwendet werden.

Hinweis: tgM = tiefgestochene Masche (1 R unter der nächsten M einstechen und 1 fM arb)

Lftm-Zahl teilbar durch 2.

Grundreihe: 1 fM in die 2. Lftm von der Häkel-Nd aus, je 1 fM in jede Lftm bis R-Ende, wenden.

1. Reihe: 1 Lftm, 1 fM in die 1. fM, * 1 tgM über die nächste fM, 1 fM in die nächste fM; ab * fortlfd wdh, wenden.

2. Reihe: 1 Lftm, je 1 fM in die ersten 2 fM, * 1 tgM über die nächste fM, 1 fM in die nächste fM; ab * fortlfd wdh bis zur letzten M, 1 fM in die letzte fM, wenden.

Die 2. R stets wdh.

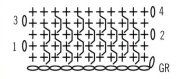

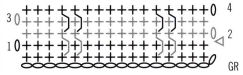

RELIEFMASCHEN

Für Reliefmaschen sticht man mit der Häkelnadel um die Masche der Vorreihe herum – also nicht ins Abmaschglied – ein und arbeitet dann ein Stäbchen. Dadurch entsteht ein stark plastisch strukturiertes Maschenbild. Je nachdem, ob man von der Vorderseite oder von der Rückseite her um die Masche herum einsticht, tritt die Reliefmasche auf der rechten oder auf der linken Seite der Arbeit hervor.

EINSTECHEN DER HÄKELNADEL

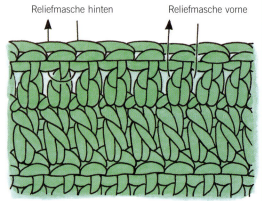

Reliefmasche hinten   Reliefmasche vorne

Soll die Reliefmasche zur Vorderseite der Arbeit plastisch hervortreten, sticht man von vorne nach hinten ein, rund um den Stiel des Stäbchens der Vorreihe herum und vorne wieder aus. Wenn die Reliefmasche hingegen auf der Rückseite der Arbeit plastisch erscheinen soll, nimmt man den umgekehrten Weg: von hinten nach vorne, um den Stiel des Stäbchens herum und wieder nach hinten stechen.

RELIEFSTÄBCHEN NACH VORNE

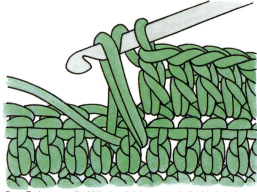

Den Faden um die Häkelnadel legen und die Nadel einstechen, wie links beschrieben. Den Faden wieder um die Nadel legen und eine Schlinge zur Vorderseite der Arbeit durchziehen. Das Stäbchen wie gewohnt vollenden.

RELIEFSTÄBCHEN NACH HINTEN

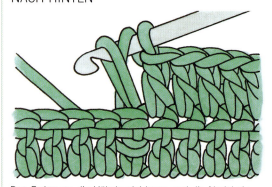

Den Faden um die Häkelnadel legen und die Nadel einstechen, wie links beschrieben. Den Faden wieder um die Nadel legen und eine Schlinge zur Rückseite der Arbeit durchziehen. Das Stäbchen wie gewohnt vollenden.

TIPP

Wenn Sie Schwierigkeiten haben zu erkennen, wo Sie einstechen müssen, häkeln Sie am besten erst ein Übungsstück mit dickerem Garn und einer stärkeren Häkelnadel.

MUSTER SAMMLUNG

ZEICHENERKLÄRUNG

Grundreihe **GR**

Luftmasche ○

halbes Stäbchen

Stäbchen

Reliefstäbchen vorne

Reliefstäbchen hinten

Reliefmaschen

PLASTISCHE SÄULEN

Reliefmaschen lassen sich gut mit Mustern kombinieren, die ein flacheres Maschenbild ergeben wie diese einfachen Stäbchenmuscheln.

Besondere Abkürzungen: RStbv = Reliefstäbchen vorne (von vorne nach hinten um die M der Vor-R herum einstechen); RStbh = Reliefstäbchen hinten (von hinten nach vorne um die M der Vor-R herum einstechen)

Lftm-Zahl teilbar durch 8 + 2 Lftm.

Grundreihe (Rück-R): 2 Stb in die 6. Lftm von der Häkel-Nd aus, * 2 Lftm, 2 Stb in die nächste Lftm, die nächsten 2 Lftm übergehen, je 1 hStb in die nächsten 2 Lftm, die nächsten 2 Lftm übergehen, 2 Stb in die nächste Lftm; ab * fortlfd wdh bis zu den letzten 3 Lftm, die nächsten 2 Lftm übergehen, 1 hStb in die letzte Lftm, wenden.

1. Reihe: 2 Lftm, das hStb und die nächsten 2 Stb übergehen, * [2 Stb, 2 Lftm, 2 Stb] um den nächsten 2-Lftm-Bg, je 1 RStbv um die nächsten 2 hStb; ab * fortlfd wdh, enden mit 1 Stb in die oberste der am Beginn der Vor-R übergangenen 5 Lftm, wenden.

2. Reihe: 2 Lftm, die ersten 3 Stb übergehen, * [2 Stb, 2 Lftm, 2 Stb] um den nächsten 2-Lftm-Bg, je 1 RStbh um die nächsten 2 Stb; ab * fortlfd wdh, enden mit 1 Stb in die 2. der 2 Wende-Lftm, wenden.

3. Reihe: 2 Lftm, die ersten 3 Stb übergehen, * [2 Stb, 2 Lftm, 2 Stb] um den nächsten 2-Lftm-Bg, je 1 RStbv um die nächsten 2 Stb; ab * fortlfd wdh, enden mit 1 Stb in die 2. der 2 Wende-Lftm, wenden.

Die 2. und 3. R stets wdh; enden mit einer 3. R.

FLECHTMUSTER

Dieses voluminöse Muster erinnert an das Geflecht eines Korbes. Es eignet sich ausgezeichnet für Kissenhüllen und dicke, warme Überwürfe und Decken. Allerdings erfordern sie ziemlich viel Garn.

Besondere Abkürzungen: RStbv = Reliefstäbchen vorne (von vorne nach hinten um die M der Vor-R herum einstechen); RStbh = Reliefstäbchen hinten (von hinten nach vorne um die M der Vor-R herum einstechen)

Lftm-Zahl teilbar durch 8 + 4 Lftm.

Grundreihe: 1 Stb in die 4. Lftm von der Häkel-Nd aus, je 1 Stb in jede folgende Lftm bis R-Ende, wenden.

1. Reihe: 2 Lftm, das 1. Stb übergehen, * je 1 RStbv um die nächsten 4 Stb, je 1 RStbh um die nächsten 4 Stb; ab * fortlfd wdh, enden mit 1 Stb in die 3. der am Beginn der Vor-R übergangenen 3 Lftm, wenden.

2., 3. und 4. Reihe: 2 Lftm, das 1. Stb übergehen, * je 1 RStbv um die nächsten 4 Stb, je 1 RStbh um die nächsten 4 Stb; ab * fortlfd wdh, enden mit 1 Stb in die 2. der 2 Wende-Lftm, wenden.

5., 6., 7. und 8. Reihe: 2 Lftm, das 1. Stb übergehen, * je 1 RStbh um die nächsten 4 Stb, je 1 RStbv um die nächsten 4 Stb; ab * fortlfd wdh, enden mit 1 Stb in die 2. der 2 Wende-Lftm, wenden.

9. Reihe: 2 Lftm, das 1. Stb übergehen, * je 1 RStbv um die nächsten 4 Stb, je 1 RStbh um die nächsten 4 Stb; ab * fortlfd wdh, enden mit 1 Stb in die 2. der 2 Wende-Lftm, wenden.

Die 2.–9. R stets wdh; enden mit einer 4. R.

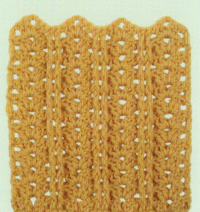

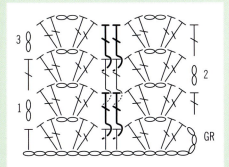

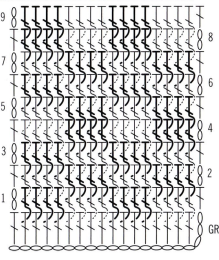

JACQUARDTECHNIK

Jacquardmuster werden in zwei oder mehr Farben nach einer Zählvorlage gehäkelt – meist in festen Maschen. Diese Art der Häkelei ergibt einen farbenfrohen, festen Stoff, der an Gewebe erinnert.

Schlagen Sie zunächst eine Luftmaschenkette in der ersten Farbe an. Die Luftmaschenzahl berechnen Sie, indem Sie die Maschen eines Rapports mit der gewünschten Zahl an Rapportwiederholungen multiplizieren und eine Luftmasche zum Wenden zugeben. In der ersten Reihe die erste Masche in die zweite Luftmasche von der Häkelnadel aus arbeiten, dann in festen Maschen weiterhäkeln. Jedes Kästchen der Vorlage entspricht einer Masche. Beim Farbwechsel den nicht gebrauchten Faden locker auf der Rückseite der Arbeit mitführen und bei Bedarf wieder aufnehmen.

JACQUARDMUSTER IN 2 FARBEN

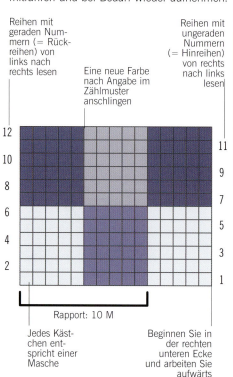

Reihen mit geraden Nummern (= Rückreihen) von links nach rechts lesen

Eine neue Farbe nach Angabe im Zählmuster anschlingen

Reihen mit ungeraden Nummern (= Hinreihen) von rechts nach links lesen

Rapport: 10 M

Jedes Kästchen entspricht einer Masche

Beginnen Sie in der rechten unteren Ecke und arbeiten Sie aufwärts

1 Eine Luftmaschenkette in der erforderlichen Länge mit Farbe A anschlagen, dann wenden und die 1. Reihe nach dem Zählmuster häkeln. Die letzte Masche in Farbe A nur bis zu den letzten 2 Schlingen auf der Häkelnadel abmaschen.

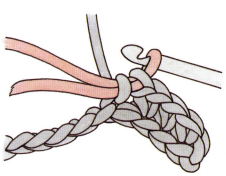

2 Den Faden in Farbe B durch die letzten 2 Schlingen auf der Häkelnadel ziehen und so die letzte feste Masche in Farbe A vollenden. Den Faden in Farbe A nicht abschneiden.

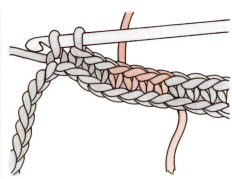

3 Nach dem Zählmuster in Farbe B weiterarbeiten. Wenn Sie die letzte Masche in Farbe B erreichen, wieder zu Farbe A wechseln und den Faden locker auf der Rückseite mitführen. Eine Schlinge durchziehen, um den Farbwechsel zu vollziehen und die letzte Masche in Farbe B abzumaschen. Im Verlauf der Reihe die Farben weiter auf diese Weise wechseln, wie es das Zählmuster vorsieht.

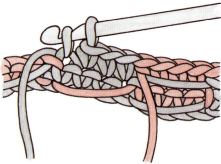

4 Am Reihenende wenden und nach Zählmuster in umgekehrter Richtung von links nach rechts häkeln. Bei den Farbwechseln die alte Farbe nach vorne hängen lassen und die nur teilweise fertiggestellte Masche mit der neuen Farbe abmaschen. Die jeweils nicht gebrauchte Farbe auf der linken Seite der Arbeit (= in Rückreihen vor der Arbeit) mitführen.

MUSTER SAMMLUNG

JACQUARDSTREIFEN

Ein Probestück in diesem einfachen Streifenmuster mit zweireihigem Mustersatz stellt eine gute Übung dar. Wichtig ist, dass Sie den gerade nicht gebrauchten Faden locker auf der linken Seite der Arbeit mitführen, damit sie sich nicht verzieht.

JACQUARDKAROS

Dieses Schachbrettmuster aus vier Farben wirkt am besten, wenn man vier verschiedene Töne der gleichen Farbe verwendet. Wählen Sie eine helle und eine dunkle Schattierung sowie zwei leicht kontrastierende mittlere Töne.

ZEICHENERKLÄRUNG FÜR JACQUARDSTREIFEN

Farbe A
Farbe B

ZEICHENERKLÄRUNG FÜR JACQUARDKAROS

Farbe A
Farbe B
Farbe C
Farbe D

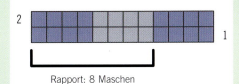

Rapport: 8 Maschen

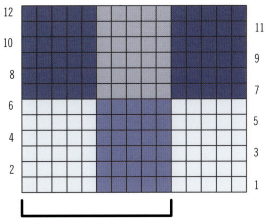

Rapport: 10 Maschen

INTARSIENTECHNIK

Beim Häkeln in Intarsientechnik ist das Muster auf beiden Seiten der Arbeit sichtbar. Intarsienmuster werden ähnlich wie Jacquardmuster in zwei oder mehr Farben nach einer Zählvorlage gearbeitet ähnlich wie Jacquardmuster.

Der hauptsächliche Unterschied zwischen Intarsien- und Jacquardtechnik besteht darin, dass bei der Intarsientechnik die Farbflächen größer und eventuell unregelmäßig geformt sind. Jede Farbfläche wird mit einem eigenen Knäuel gehäkelt.

Schlagen Sie für die Luftmaschenkette in der ersten Farbe so viele Maschen an, wie das Zählmuster in der Breite zeigt, und geben Sie eine Wendeluftmasche zu. Wenn Sie ein Intarsienmuster mit Rapport häkeln, berechnen Sie die Luftmaschenzahl für den Anschlag wie bei Jacquardmustern.

INTARSIENMUSTER

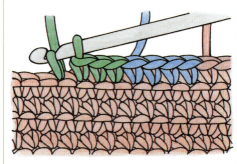

1 Eine Luftmaschenkette in der erforderlichen Länge mit Farbe A anschlagen, wenden und die einfarbigen Reihen im unteren Teil des Zählmusters mit festen Maschen häkeln. Die erste mehrfarbige Reihe in Farbe A beginnen. Bei den Farbwechseln die letzte Masche vor dem Wechsel bis zu den letzten 2 Schlingen abmaschen. Den neuen Faden durch diese 2 Schlingen ziehen und dadurch die letzte Masche in der alten Farbe vollenden. Auf diese Weise die Reihe entlang weiterhäkeln.

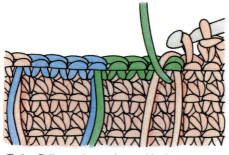

3 Am Reihenende wenden und in der umgekehrten Richtung, also von links nach rechts, nach dem Zählmuster häkeln. Bei jedem Farbwechsel die alte Farbe vorne hängen lassen und die nur teilweise vollendete Masche mit der neuen Farbe abmaschen. Dabei muss der neue Faden auf der linken Seite der Arbeit mit dem alten Faden verkreuzt werden, damit keine Löcher entstehen.

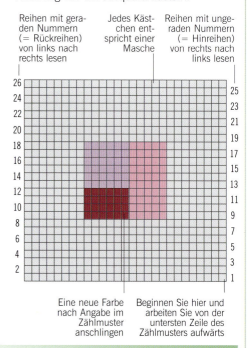

Reihen mit geraden Nummern (= Rückreihen) von links nach rechts lesen

Jedes Kästchen entspricht einer Masche

Reihen mit ungeraden Nummern (= Hinreihen) von rechts nach links lesen

Eine neue Farbe nach Angabe im Zählmuster anschlingen

Beginnen Sie hier und arbeiten Sie von der untersten Zeile des Zählmusters aufwärts

Siehe auch: **Jacquardtechnik (Seite 66)**

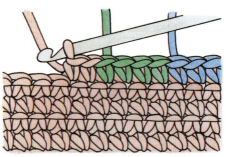

2 Beim letzten Farbwechsel, wenn das Zählmuster einen Wechsel zurück zu Farbe A fordert, mit einem anderen Knäuel des gleichen Garns weiterhäkeln und nicht den am Reihenbeginn verwendeten Knäuel aufnehmen.

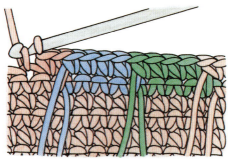

4 Am Ende einer Rückreihe überprüfen, ob alle Fäden auf der linken Seite der Arbeit wieder am richtigen Platz liegen.

Intarsientechnik 69

MUSTER SAMMLUNG

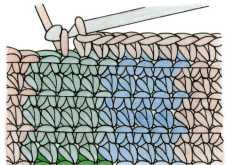

5 Wenn Sie weiter oben im Zählmuster neue Farbflächen erreichen, die entsprechenden Fäden anschlingen, wie zuvor beschrieben. Beim Farbwechsel stets die letzte Masche der alten Farbe in der neuen Farbe abmaschen.

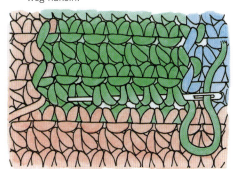

6 Sobald Sie eine Reihe im Zählmuster erreichen, die komplett in Farbe A gehäkelt wird, arbeiten Sie mit dem ursprünglichen Knäuel von rechts nach links über alle Maschen hinweg häkeln.

7 Vernähen Sie die verschiedenen Fadenenden einer Intarsienarbeit besonders sorgfältig. Jeder Faden muss in einer Fläche derselben Farbe vernäht werden, weil er sonst von der rechten Seite der Arbeit zu sehen ist.

INTARSIENBLÖCKE

Dieses einfache Muster aus Farbblöcken dient als Übungsstück für die Farbwechsel in der Intarsientechnik. Sie können genau nach Zählvorlage häkeln oder das Muster für eine größere Häkelarbeit mehrere Male wiederholen.

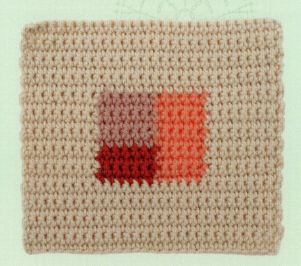

ZEICHENERKLÄRUNG

Farbe A
Farbe B
Farbe C
Farbe D

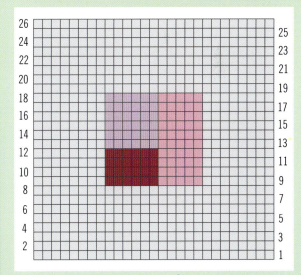

SCHLAUCHFÖRMIGE HÄKELARBEITEN

Schläuche lassen sich in Runden mit gewöhnlichen Häkelnadeln arbeiten. Wenngleich die Runden gehäkelt und geschlossen werden, wie bei kreisrunden Motiven, sieht das Ergebnis ganz anders aus.

Bei dieser Häkeltechnik entsteht ein Schlauch oder Zylinder. Auf diese Weise können Sie ein Modell wie eine Mütze in einem Stück ohne Naht arbeiten. Zylinder können auch mit Häkelmotiven oder anderen flach gehäkelten Teilen kombiniert werden.

Schlauchförmige Arbeiten können auf dreierlei Arten gehäkelt werden, beginnen jedoch immer mit einer Luftmaschenkette, die zum Ring geschlossen wird. Sie können in Runden aus festen Maschen arbeiten, ohne die Runden zu schließen, sodass eine Spiralform entsteht. Bei höheren Maschen wie Stäbchen wird jede Runde geschlossen, sodass sich eine Art Naht bildet. Wenn Sie die Arbeit am Ende jeder Runde wenden, ergibt sich eine gerade Naht, wenn Sie in jeder Runde in derselben Richtung weiterarbeiten, wandert die Naht spiralförmig um den Zylinder.

Schlauch aus festen Maschen, in Spiralrunden gehäkelt

Schlauch aus Stäbchen mit Wendung am Rundenende

Schlauch aus Stäbchen ohne Wendung

Siehe auch: **Kreisförmige Motive (Seite 72)**

ZYLINDER AUS FESTEN MASCHEN IN SPIRALRUNDEN

1 Eine Luftmaschenkette der gewünschten Länge anschlagen und mit 1 Kettmasche zum Ring schließen. Wenden und 1 Reihe feste Maschen in die Luftmaschen häkeln. Die Runde mit 1 festen Masche in die 1. Masche schließen.

2 Einen Markierungsring in die eben gearbeitete feste Masche einhängen, um den Beginn der neuen Runde zu kennzeichnen. Die neue Runde weiterhäkeln, d.h. in jede Masche der Vorrunde 1 feste Masche arbeiten.

3 Beim Markierungsring angekommen, die Runde nicht schließen. Stattdessen den Markierungsring entfernen und die markierte Masche behäkeln.

4 Den Markierungsring in die neue Masche einhängen, um den Beginn der neuen Runde zu kennzeichnen. Weiter Runde um Runde häkeln und den Markierungsring jedes Mal versetzen, wenn Sie ihn erreichen, bis der Zylinder die gewünschte Länge hat. Dann den Faden abschneiden und sichern.

ZYLINDER AUS STÄBCHEN OHNE WENDUNG

1 Eine Luftmaschenkette der gewünschten Länge anschlagen und mit 1 Kettmasche zum Ring schließen.

2 3 Luftmaschen (oder die entsprechende Zahl von Luftmaschen für die jeweilige Maschenart) häkeln, um die 1. Runde zu beginnen.

3 Je 1 Stäbchen in jede Luftmasche häkeln, bis Sie das Rundenende erreichen.

4 Die 1. Runde mit 1 Kettmasche in die oberste der 3 Anfangsluftmaschen schließen.

5 Weiter Stäbchen in Runden arbeiten und jede Runde wie zuvor mit 1 Kettmasche schließen. Wenn alle Runden gearbeitet sind, den Faden abschneiden und sichern.

ZYLINDER AUS STÄBCHEN MIT WENDUNG

1 Die Luftmaschenkette und die 1. Runde arbeiten, wie oben unter Schritt 1 beschrieben. Die Runde mit 1 Kettmasche schließen und 3 Luftmaschen arbeiten.

2 Den Zylinder wenden, um die Richtung zu wechseln und die neue Runde zu beginnen. Sie häkeln nun von der Innenseite des Zylinders aus.

3 Je 1 Stäbchen in jede Masche der Vorrunde arbeiten, bis Sie das Rundenende erreichen.

4 Die Runde mit 1 Kettmasche in die oberste der 3 Wendeluftmaschen schließen. Wenden und 3 Luftmaschen häkeln, dann die nächste Runde wieder von der Außenseite des Zylinders arbeiten. Ab Schritt 2 stets wiederholen und dabei die Arbeit am Beginn jeder Runde wenden.

KREISFÖRMIGE HÄKELMOTIVE

Wenn man in flachen Runden statt in hin- und hergehenden Reihen häkelt, erweitert sich das Spektrum der Möglichkeiten beträchtlich: So entstehen farbenfrohe und raffinierte Kreismotive.

Häkelmotive werden von der Mitte nach außen gehäkelt, wobei die Maschenzahl von Runde zu Runde kontinuierlich zunimmt. Gleichmäßig verteilte Zunahmen ergeben ein flaches, rundes Motiv. Werden die Zunahmen hingegen zu Gruppen zusammengefasst, sodass sich Ecken bilden, lassen sich auch Quadrate, Sechsecke oder andere flache Formen arbeiten. Häkelmotive können dicht, strukturiert oder spitzenartig wirken. Sie werden mit verschiedenen Techniken untereinander zu Decken, Stolen, Umschlagtüchern oder einfach geschnittenen Kleidungsstücken verbunden.

IN RUNDEN HÄKELN

Üblicherweise beginnt man mit einer kurzen Luftmaschenkette, die man zum Ring schließt. Dieser Ring kann je nach Modell und Anleitung beliebig groß sein und bildet dementsprechend ein kleineres oder größeres Loch in der Mitte des Motivs.

Siehe auch: **Grundtechniken (Seite 12)**
Faden ansetzen (Seite 22)

LUFTMASCHENRING

1 Für den Luftmaschenring zuerst eine kurze Luftmaschenkette anschlagen. Die Maschenzahl richtet sich nach der Angabe in der Anleitung.

2 Die Luftmaschen durch eine Kettmasche in die 1. Masche der Kette zum Ring schließen.

3 Das lose Fadenende mit der linken Hand straffen, um die 1. Masche vorsichtig festzuziehen. Damit ist der Luftmaschenring vollendet.

IN DEN RING HÄKELN

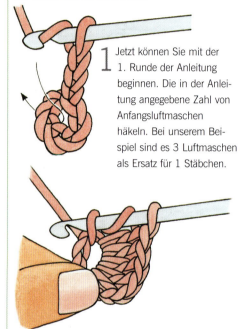

1 Jetzt können Sie mit der 1. Runde der Anleitung beginnen. Die in der Anleitung angegebene Zahl von Anfangsluftmaschen häkeln. Bei unserem Beispiel sind es 3 Luftmaschen als Ersatz für 1 Stäbchen.

2 Die Häkelnadel jedes Mal in das Loch in der Mitte des Rings einstechen und die in der Anleitung angegebene Zahl von Maschen häkeln. Die Maschen am Ende der Runde zur Sicherheit noch einmal überprüfen!

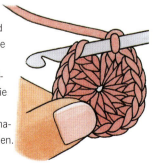

3 Die erste und letzte Masche der Runde durch 1 Kettmasche in die oberste Anfangsluftmasche verbinden.

FADENRING

Diese alternative Methode, einen Anfangsring zu arbeiten, ist besonders praktisch, weil das Fadenende in der 1. Maschenrunde mit umhäkelt wird und später nicht vernäht werden muss. Sie eignet sich nicht für schlüpfrige Garne wie merzerisierte Baumwolle oder Seidenmischgarne, weil sich das Fadenende lockern kann.

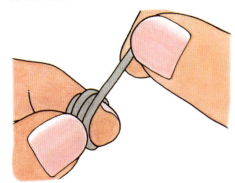

1 Das Fadenende zwischen Daumen und Zeigefinger der linken Hand halten und den Faden mehrere Male um die Fingerspitze wickeln.

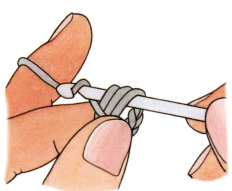

2 Den Fadenring vorsichtig vom Finger streifen. Die Häkelnadel in den Ring einstechen, eine Fadenschlinge durchholen und 1 feste Masche arbeiten, um den Ring zu sichern. Die erforderliche Zahl von Anfangsluftmaschen häkeln und die 1. Musterrunde arbeiten wie gewohnt.

SCHLIESSEN DER RUNDE

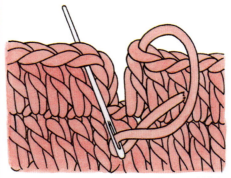

1 Damit die Kante in der letzten Runde wirklich sauber und glatt gelingt, sollten Sie die 1. und letzte Masche lieber zusammennähen, als sie mit 1 Kettmasche zu verbinden, wie oben beschrieben. Den Faden ca. 10 cm von der letzten Masche entfernt abschneiden und durch die letzte Masche ziehen. Von der rechten Seite der Arbeit das Fadenende in eine große Wollnadel einfädeln und unter beiden Gliedern der Masche nach den Wendeluftmaschen hindurchziehen.

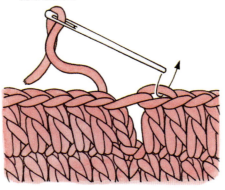

2 Die Nadel durchziehen und in der Mitte der letzten Masche der Runde einstechen. Von der linken Seite der Arbeit die Nadel durchziehen, um den Stich zu vollenden, dabei die Maschenlänge anpassen, um die Runde zu schließen. Das Fadenende auf der linken Seite vernähen wie gewohnt.

KREISMOTIVE VERBINDEN

Kreisförmige Motive werden oft in verschiedenen Farben und Größen als Untersetzer oder Tischsets gearbeitet. Wegen ihrer runden Form lassen sie sich weniger leicht miteinander verbinden als Motive mit geraden Kanten. Am besten ordnet man sie in Reihen an und näht sie an den Berührungspunkten mit einigen Stichen zusammen.

MUSTER SAMMLUNG

SPEICHENRAD

Garn: 1 Farbe

Anfangsring: 6 Lftm anschl und mit 1 Kett-M zum Ring schließen.

1. Runde: 5 Lftm (für 1 Stb + 2 Lftm), 7 x [1 Stb, 2 Lftm] in den Ring, die Rd schließen mit 1 Kett-M in die 3. der 5 Anfangs-Lftm (= 8 Stb).

2. Runde: 3 Lftm (für 1 Stb), 2 Stb in dieselbe Einstichstelle wie die Kett-M am Rd-Ende, 2 Lftm, 7 x [3 Stb in das nächste Stb, 2 Lftm], die Rd schließen mit 1 Kett-M in die 3. der 3 Anfangs-Lftm.

3. Runde: 3 Lftm (für 1 Stb), 1 Stb in dieselbe Einstichstelle wie die Kett-M, 1 Stb in das nächste Stb, 2 Stb in das nächste Stb, 2 Lftm, 7 x [2 Stb in das nächste Stb, 1 Stb in das nächste Stb, 2 Stb in das nächste Stb, 2 Lftm], die Rd schließen mit 1 Kett-M in die 3. der Anfangs-Lftm.

4. Runde: 1 Lftm, je 1 fM in jedes Stb der Vor-Rd bzw. 2 fM um jeden 2-Lftm-Bg, die Rd schließen mit 1 Kett-M in die 1. fM.
Faden abschneiden und sichern.

ZEICHENERKLÄRUNG

Luftmasche	o
Kettmasche	•
feste Masche	+
Stäbchen	┼
Anfangs-Büschelmasche aus 2 Stäbchen (= 2 zus abgem Stb in 1 Einstichstelle)	
Büschelmasche aus 3 Stäbchen (= 3 zus abgem Stb in 1 Einstichstelle)	
Anfangs-Büschelmasche aus 3 Stäbchen (= 3 zus abgem Stb in 1 Einstichstelle)	
Büschelmasche aus 4 Stäbchen (= 4 zus abgem Stb in 1 Einstichstelle)	
Faden abschneiden	◀
Faden anschlingen	◁

KREISMOTIV AUS STÄBCHEN

Garn: 1 Farbe

Anfangsring: 6 Lftm anschl und mit 1 Kett-M zum Ring schließen.

1. Runde: 3 Lftm (für 1 Stb), 15 Stb in den Ring, die Rd schließen mit 1 Kett-M in die 3. der 3 Lftm (= 16 Stb).

2. Runde: 3 Lftm (für 1 Stb), 1 Stb in dieselbe Einstichstelle wie die Kett-M, 2 Stb in jede M der Vor-Rd, die Rd schließen mit 1 Kett-M in die 3. der 3 Kett-M (= 32 Stb).

3. Runde: 3 Lftm (für 1 Stb), 1 Stb in dieselbe Einstichstelle wie die Kett-M, * [1 Stb in die nächste M, 2 Stb in die nächste M]; ab * fortlfd wdh bis zur letzten M, 1 Stb in die letzte M, die Rd schließen mit 1 Kett-M in die 3. der 3 Lftm (= 48 Stb).

4. Runde: 3 Lftm (für 1 Stb), 1 Stb in dieselbe Einstichstelle wie die Kett-M, * [je 1 Stb in die nächsten 2 M, 2 Stb in die nächste M]; ab * fortlfd wdh bis zu den letzten 2 M, je 1 Stb in die letzten 2 M, die Rd schließen mit 1 Kett-M in die 3. der 3 Lftm (= 64 Stb).

Faden abschneiden und sichern.

Das Kreismotiv kann vergrößert werden, indem man zwischen den Zunahmen je Runde 1 Stäbchen mehr häkelt.

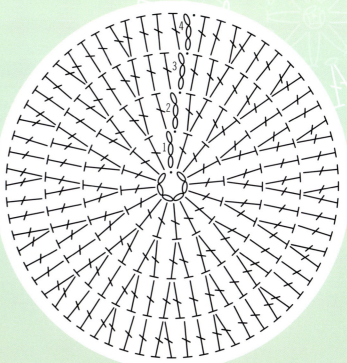

KREISMOTIV MIT RINGELMUSTER

Nach Anleitung und Häkelschrift für das Kreismotiv (oben) häkeln, jedoch die Garnfarbe in jeder Rd wechseln. Die Fäden bei jedem Farbwechsel ca. 10 cm lang hängen lassen und die Fadenenden auf der linken Seite der Arbeit vernähen, wenn das Kreismotiv fertig ist.

▸ **Fortsetzung auf Seite 76**

SONNENRAD

Garn: 3 Farben (A, B und C).

Besondere Abkürzungen: Anfangs-BM = Anfangs-Büschelmasche aus 2 Stb; BM = Büschelmasche aus 3 Stb.

Anfangsring: Mit Fb A 4 Lftm anschl und mit 1 Kett-M zum Ring schließen.

1. Runde: 1 Lftm, 6 fM in den Ring, die Rd schließen mit 1 Kett-M in die 1. fM.

2. Runde: 1 Lftm, 6 x 2 fM in die folg fM, mit 1 Kett-M in die 1. fM (= 12 fM).

3. Runde: 1 Lftm, 12 x 2 fM in die folg fM, mit 1 Kett-M in die 1. fM (= 24 fM). Fb A abschneiden und sichern.

4. Runde: Fb B an 1 fM anschlingen, 3 Lftm (für 1 Stb), 1 Anfangs-BM in dieselbe fM, 2 Lftm, die folg fM übergehen, * 1 BM in die folg fM, 2 Lftm, die folg fM übergehen; ab * noch 10 x wdh, mit 1 Kett-M in das Abmaschglied der Anfangs-BM. Fb B abschneiden und sichern.

5. Runde: Fb B in einem 2-Lftm-Bg anschlingen, 3 Lftm (für 1 Stb, 1 Anfangs-BM um denselben Bg, 3 Lftm, * 1 FM um den folg 2-Lftm-Bg, 3 Lftm; ab * noch 10 x wdh, mit 1 Kett-M in das Abmaschglied der Anfangs-BM.

6. Runde: 3 Lftm, 2 Stb in das Abmaschglied der Anfangs-BM, 3 Stb um den folg 3-Lftm-Bg, * 3 Stb in das Abmaschglied der folg BM, 3 Stb um den folg 3-Lftm-Bg; ab * noch 10 x wdh, mit 1 Kett-M in die 3. der 3 Anfangs-Lftm.

Faden abschneiden und sichern.

Zeichenerklärung siehe Seite 74

Kreisförmige Häkelmotive 77

KREISMOTIV AUS BÜSCHELMASCHEN

Garn: 1 Farbe

Besondere Abkürzungen: Anfangs-BM = Anfangs-Büschelmasche aus 3 Stb; BM = Büschelmasche aus 4 Stb.

Anfangsring: Mit Fb A 6 Lftm anschl und mit 1 Kett-M zum Ring schließen.

1. Runde: 1 Lftm, 12 fM in den Ring, die Rd schließen mit 1 Kett-M in die 1. fM.

2. Runde: 4 Lftm (für 1 Stb), * 1 Stb in die nächste fM, 1 Lftm; ab * noch 10 x wdh, die Rd schließen mit 1 Kett-M in die 3. der 4 Anfangs-Lftm (= 12 Stb).

3. Runde: 1 Kett-M um den nächsten 1-Lftm-Bg, 3 Lftm (für 1 Stb), 1 Anfangs-BM um denselben Bg, 3 Lftm, * 1 BM um den nächsten 1-Lftm-Bg, 3 Lftm; ab * noch 10 x wdh, die Rd schließen mit 1 Kett-M in die oberste der 3 Anfangs-Lftm (= 12 BM).

4. Runde: 1 Kett-M um den nächsten 3-Lftm-Bg, 3 Lftm (für 1 Stb), 1 Anfangs-BM um denselben Bg, * 2 Lftm, 1 Stb in das Abmaschglied der nächsten BM, 2 Lftm, ** 1 BM um den nächsten 3-Lftm-Bg; ab * noch 10 x wdh und von * bis ** noch 1 x wdh, die Rd schließen mit 1 Kett-M in das Abmaschglied der Anfangs-BM.

5. Runde: 1 Lftm, 3 fM um jeden 2-Lftm-Bg der Vor-Rd, die Rd schließen mit 1 Kett-M in die 1. fM.

Faden abschneiden und sichern.

QUADRATMOTIVE HÄKELN UND VERBINDEN

Quadratische Motive werden wie Kreismotive gehäkelt. Man beginnt in der Mitte mit einem Luftmaschenring und arbeitet in Runden nach außen.

In regelmäßigen Abständen werden für Quadratmotive in bestimmten Runden zusätzliche Maschen gearbeitet, damit die Ecken entstehen.

QUADRATMOTIVE VERBINDEN

Quadratische Motive können zusammengenäht oder mit Reihen aus Kettmaschen oder festen Maschen zusammengehäkelt werden. Am saubersten sieht die Verbindung aus, wenn man die Nadel nur durch die hinteren Maschenglieder führt. Fester, aber auch auffälliger wird sie, wenn man unter beiden Maschengliedern einsticht.

MOTIVE ZUSAMMENNÄHEN

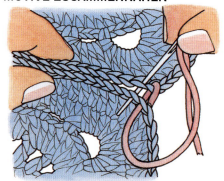

1 Die Motive in der gewünschten Anordnung mit der rechten Seite nach oben auslegen und in horizontalen Reihen zusammennähen. An der rechten Kante der ersten 2 Motive anfangen und jeweils unter den hinteren Maschengliedern der entsprechenden Maschen einstechen.

Siehe auch: **Grundtechniken (Seite 12)**
Kreismotive (Seite 72)

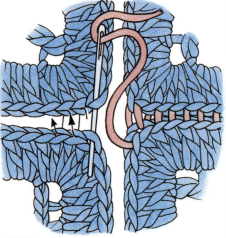

2 Weiter die ersten 2 Motive zusammennähen und darauf achten, nur unter den hinteren Maschengliedern einzustechen. An der linken Ecke angekommen, die nächsten 2 Motive anlegen, den Faden fest über die Kreuzung ziehen und diese Motive ebenso zusammennähen. Fester wird die Verbindung, wenn Sie 2 Stiche in die Maschenglieder in den Ecken arbeiten, bevor Sie den Faden zu den nächsten Motiven weiterführen. Weiter die Motive entlang der Reihe verbinden und die Fadenenden am Beginn und am Ende der Naht sicher vernähen. So weiterarbeiten, bis alle horizontalen Kanten der Motive verbunden sind.

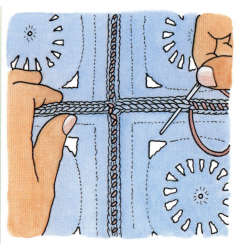

3 Die Häkelarbeit um 90° drehen, sodass nun die noch nicht zusammengenähten Kanten der Motive horizontal liegen. Wie zuvor arbeiten, um die verbleibenden Kanten durch horizontale Nähte zu verbinden. In den Ecken die Nadel unter dem Stich der Vorreihe hindurchführen.

TIPP

Quadrate in zwei verschiedenen Farben verbinden Sie am besten mit Garn in einer der beiden Farben, damit die Stiche weniger auffallen.

MOTIVE MIT KETTMASCHEN VERBINDEN

Wenn man Motivkanten mit Kettmaschen zusammenhäkelt, entsteht eine feste Naht mit dekorativer Rippe auf der rechten Seite. Einen zusätzlichen Akzent setzen Sie, wenn Sie die Kettmaschen in einer Kontrastfarbe häkeln.

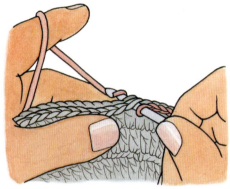

1 Die Motive auslegen, wie oben beschrieben, und zuerst alle horizontalen Verbindungen arbeiten. Die ersten 2 Motive links auf links zusammenlegen und 1 Reihe Kettmaschen durch beide Maschenglieder der 2 Motive häkeln.

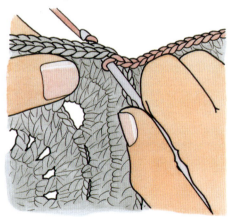

2 An der Ecke angekommen, die nächsten 2 Motive dazunehmen, den Faden fest über die Ecke ziehen und diese Motive genauso verbinden. Auf diese Weise weiter alle Motive entlang der Reihe verbinden; dabei auf gleichmäßige Fadenspannung achten. Die Fadenenden sorgfältig vernähen, dann weiterarbeiten, bis alle horizontalen Motivkanten verbunden sind.

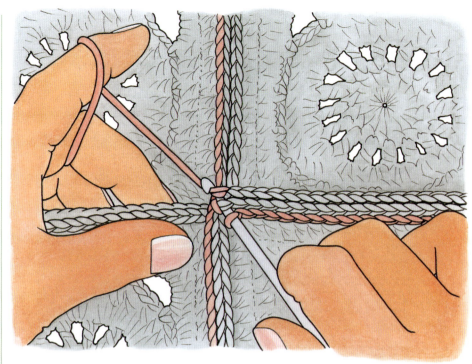

3 Die Arbeit um 90° drehen, sodass nun die bislang nicht verbunden Kanten horizontal liegen. Wie oben beschrieben arbeiten, um diese Kanten ebenfalls mit horizontalen Kettmaschenreihen zu verbinden. An den Ecken den Faden fest über die Rippe ziehen.

TIPP

Wenn Sie Schwierigkeiten haben, die Häkelnadel durch die Kanten der Quadrate einzustechen, können Sie eine etwas dünnere Häkelnadel oder eine mit spitzerem Häkchen verwenden.

VERBINDUNG MIT FESTEN MASCHEN

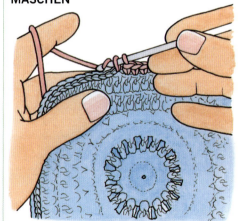

Auch mit festen Maschen können Motivkanten verbunden werden. Die Verbindung ist fest, trägt aber stark auf. Arbeiten Sie, wie bei der Verbindung mit Kettmaschen beschrieben, doch legen Sie die Motive rechts auf rechts aufeinander und häkeln Sie feste Maschen durch beide Maschenglieder der Motivkanten.

MUSTER SAMMLUNG

BLÜTENQUADRAT

Garn: 3 Farben (A, B und C)

Besondere Abkürzungen: A-BM = Anfangs-Büschelmasche aus 2 Stb; BM = Büschelmasche aus 3 Stb

Anfangsring: Mit Fb A 4 Lftm anschl und mit 1 Kett-M zum Ring schließen.

1. Runde: 4 Lftm (für 1 Stb + 1 Lftm), 11 x [1 Stb in den Ring, 1 Lftm], 1 Kett-M in die 3. der 4 Lftm (= 12 Stb).

2. Runde: 3 Lftm (für 1 Stb), 1 A-BM in die Einstichstelle der Kett-M, 11 x [3 Lftm, 1 BM um den folg 1-Lftm-Bg], 3 Lftm, 1 Kett-M in das Abmaschglied der A-BM.

3. Runde: 1 Kett-M in die mittlere Lftm des folg 3-Lftm-Bg, 1 Lftm, 1 fM um denselben Bg, 11 x [5 Lftm, 1 fM um den folg 3-Lftm-Bg], 1 Kett-M in die 1. fM. Fb A abschneiden.

4. Runde: Fb B an der Mittel-M eines 5-Lftm-Bg anschlingen, 3 Lftm (für 1 Stb), 4 Stb um denselben Bg, * 1 Lftm, 1 fM um den folg 5-Lftm-Bg, 5 Lftm, 1 fM um den folg 5-Lftm-Bg, 1 Lftm, ** [5 Stb, 3 Stb, 5 Stb] um den folg 5-Lftm-Bg; ab * noch 2 x wdh, dann von * bis ** noch 1 x wdh, 5 Stb um den folg 5-Lftm-Bg, 3 Lftm, 1 Kett-M in die 3. der 3 Anfangs-Lftm. Fb B abschneiden.

5. Runde: Fb C in einem 3-Lftm-Bg anschlingen, 3 Lftm (für 1 Stb), [1 Stb, 2 Lftm, 2 Stb] um denselben Bg, * je 1 Stb in die folg 4 Stb, 4 Lftm, 1 fM um den folg 5-Lftm-Bg, 4 Lftm, das folg Stb übergehen, je 1 Stb in die folg 4 Stb, ** [2 Stb, 2 Lftm, 2 Stb] um den folg 3-Lftm-Bg; ab * noch 2 x wdh, dann von * bis ** noch 1 x wdh, 1 Kett-M in die 3. der 3 Anfangs-Lftm.

6. Runde: Je 1 Kett-M in das folg Stb und um den folg 2-Lftm-Bg, 3 Lftm (für 1 Stb), [1 Stb, 2 Lftm, 2 Stb] um denselben Bg, * je 1 Stb in die folg 4 Stb, 2 x [4 Lftm, 1 fM um den folg 4-Lftm-Bg], 4 Lftm, die folg 2 Stb übergehen, je 1 Stb in die folg 4 Stb, ** [2 Stb, 2 Lftm, 2 Stb] um den folg 2-Lftm-Bg; ab * noch 2 x wdh, dann von * bis ** noch 1 x wdh; 1 Kett-M in die 3. der 3 Anfangs-Lftm.

7. Runde: 1 Lftm, 1 fM in die Einstichstelle der Kett-M, je 1 fM in jedes Stb der Vor-Rd, 4 fM um jeden 4-Lftm-Bg der Seitenkanten und 3 fM um jeden 2-Lftm-Bg in den Ecken, 1 Kett-M in die 1. fM. Faden abschneiden und sichern.

ZEICHENERKLÄRUNG

Symbol	Bedeutung
Luftmasche	○
feste Masche	+
Kettmasche	•
Stäbchen	┼
Doppelstäbchen	╫
Anfangs-Büschelmasche aus 2 Stäbchen (= 2 zus abgem Stb in 1 Einstichstelle)	
Büschelmasche aus 3 Stäbchen (= 3 zus abgem Stb in 1 Einstichstelle)	
Faden abschneiden	▲
Faden anschlingen	△

KREIS IM QUADRAT

Garn: 1 Farbe

Anfangsring: 6 Lftm anschl und mit 1 Kett-M zum Ring schließen.

1. Runde: 3 Lftm (für 1 Stb), 15 Stb in den Ring, die Rd schließen mit 1 Kett-M in die 3. der 3 Anfangs-Lftm (= 16 Stb).

2. Runde: 5 Lftm (für 1 Stb + 2 Lftm), 15 x [1 Stb in das nächste Stb, 2 Lftm], die Rd schließen mit 1 Kett-M in die 3. der 5 Lftm.

3. Runde: 3 Lftm, 2 Stb um den 2-Lftm-Bg, 1 Lftm, [3 Stb, 1 Lftm] um jeden 2-Lftm-Bg, die Rd schließen mit 1 Kett-M in die 3. der 3 Lftm.

4. Runde: * 3 x [3 Lftm, 1 fM um den nächsten 1-Lftm-Bg], 6 Lftm (= Eck-Bg), 1 fM um den nächsten 1-Lftm-Bg; ab * fortlfd wdh bis Rd-Ende, die Rd schließen mit 1 Kett-M in die 1. der 3 Lftm am Rd-Beginn.

5. Runde: 3 Lftm, 2 Stb um den ersten 3-Lftm-Bg, je 3 Stb um die nächsten zwei 3-Lftm-Bg, * [5 Stb, 2 Lftm, 5 Stb] um den Eck-Bg, je 3 Stb um jeden 3-Lftm-Bg; ab * fortlfd wdh bis Rd-Ende, die Rd schließen mit 1 Kett-M in die 3. der 3 Lftm.

6. Runde: 3 Lftm, je 1 Stb in jedes Stb der Vor-Rd bzw. [1 Stb, 1 DStb, 1 Stb] in jeden 2-Lftm-Eck-Bg, die Rd schließen mit 1 Kett-M in die 3. der 3 Anfangs-Lftm. Faden abschneiden und sichern.

▸ Fortsetzung auf Seite 82

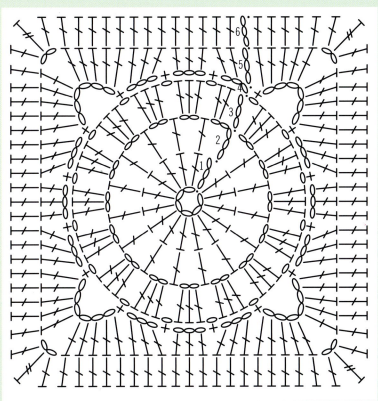

GROSSMUTTERS QUADRAT

Garn: 4 Farben (A, B, C und D)

Anfangsring: Mit Fb A 6 Lftm anschl und mit 1 Kett-M zum Ring schließen.

1. Runde: 3 Lftm (für 1 Stb), 2 Stb in den Ring, 3 Lftm, * 3 Stb in den Rind, 3 Lftm; ab * noch 2 x wdh, die Rd schließen mit 1 Kett-M in die 3. der 3 Lftm. Faden in Fb A abschneiden.

2. Runde: Fb B in einem 3-Lftm-Bg anschlingen, 3 Lftm (für 1 Stb), [2 Stb, 3 Lftm, 3 Stb] um denselben Bg (= Ecke), * 1 Lftm, [3 Stb, 3 Lftm, 3 Stb] um den nächsten 3-Lftm-Bg; ab * noch 2 x wdh, 1 Lftm, die Rd schließen mit 1 Kett-M in die 3. der 3 Anfangs-Lftm. Faden in Fb B abschneiden.

3. Runde: Fb C in einem 3-Lftm-Eck-Bg anschlingen, 3 Lftm (für 1 Stb), [2 Stb, 3 Lftm, 3 Stb] um denselben Bg, * 1 Lftm, 3 Stb um den 1-Lftm-Bg, 1 Lftm, ** [3 Stb, 3 Lftm, 3 Stb] um den nächsten 3-Lftm-Bg; ab * noch 2 x wdh, dann von * bis ** noch 1 x wdh, die Rd schließen mit 1 Kett-M in die 3. der 3 Anfangs-Lftm. Faden in Fb C abschneiden.

4. Runde: Fb D in einem 3-Lftm-Eck-Bg anschlingen, 3 Lftm (für 1 Stb), [2 Stb, 3 Lftm, 3 Stb] um denselben Bg, * [1 Lftm, 3 Stb] um jeden 1-Lftm-Bg an der Seite des Quadrats, 1 Lftm, ** [3 Stb, 3 Lftm, 3 Stb] um den nächsten 3-Lftm-Eck-Bg; ab * noch 2 x wdh, dann von * bis ** noch 1 x wdh, die Rd schließen mit 1 Kett-M in die 3. der 3 Anfangs-Lftm. Faden in Fb D abschneiden.

5. Runde: Fb A in einem 3-Lftm-Eck-Bg anschlingen, 3 Lftm (für 1 Stb), [2 Stb, 3 Lftm, 3 Stb] um denselben Bg, * [1 Lftm, 3 Stb] um jeden 1-Lftm-Bg an der Seite des Quadrats, 1 Lftm, ** [3 Stb, 3 Lftm, 3 Stb] um den nächsten 3-Lftm-Eck-Bg; ab * noch 2 x wdh, dann von * bis ** noch 1 x wdh, die Rd schließen mit 1 Kett-M in die 3. der 3 Anfangs-Lftm.

6. Runde: 1 Kett-M um den nächsten 3-Lftm-Eck-Bg, 3 Lftm (für 1 Stb), [2 Stb, 3 Lftm, 3 Stb] um denselben Bg, * [1 Lftm, 3 Stb] um jeden 1-Lftm-Bg an der Seite des Quadrats, 1 Lftm, ** [3 Stb, 3 Lftm, 3 Stb] um den nächsten 3-Lftm-Eck-Bg; ab * noch 2 x wdh, dann von * bis ** noch 1 x wdh, die Rd schließen mit 1 Kett-M in die 3. der 3 Anfangs-Lftm.

Faden abschneiden und sichern.

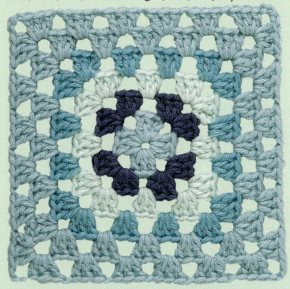

Zeichenerklärung siehe Seite 80

SECHSECKE HÄKELN UND VERBINDEN

Sechseckige Motive werden ähnlich wie runde und quadratische Motive gehäkelt, erfordern jedoch eine andere Abfolge von Zunahmen, damit die sechs Ecken entstehen. Sechseckmotive mit einer fest gehäkelten letzten Runde können wie Häkelquadrate zu großen Modellen wie Decken, Überwürfen und Stolen zusammengenäht oder -gehäkelt werden.

Man kann Sechsecke zu langen Streifen verbinden und dann die Streifen zusammenfügen oder einfach die Teile in der gewünschten Anordnung auslegen und dann die Kanten, die einander berühren, mit einzelnen Nähten verbinden. Achten Sie besonders darauf, die Fadenenden am Beginn und Ende jeder Naht sauber zu vernähen.

Motive wie das klassische Sechseck mit einer spitzenartig durchbrochenen letzten Runde können Sie während der Arbeit zusammenhäkeln.

SECHSECKE HÄKELN

Das Zentrum eines Häkelsechsecks kann je nach Muster rund oder sechseckig sein. Wenn Sie ein Motiv mit sechseckigem Zentrum arbeiten, müssen Sie daran denken, dass Sie sechs Ecken statt der für ein Quadrat erforderlichen vier häkeln müssen. Schlagen Sie die Luftmaschenkette für den Anfangsring daher ziemlich locker an, damit das fertige Sechseck flach liegt.

Siehe auch: **Grundtechniken (Seite 12)**
Kreismotive (Seite 72)
Quadratmotive häkeln und verbinden (Seite 78)

BEGINN MIT EINEM SECHSECK

1 Den Anfangsring arbeiten, dann 6 Maschengruppen mit Luftmaschen dazwischen häkeln, wie in der jeweiligen Anleitung angegeben, damit die Sechseckform entsteht. Die Runde wie gewohnt mit 1 Kettmasche schließen.

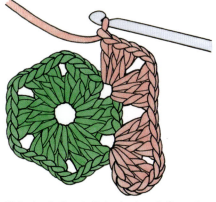

2 In der 2. Runde 2 durch einen Luftmaschenbogen getrennte Maschengruppen um jeden Luftmaschenbogen der Vorrunde häkeln, um die Sechseckform beizubehalten. Weitere Runden nach Anleitung arbeiten.

BEGINN MIT EINEM KREIS

1 Den Anfangsring arbeiten, dann die in der Anleitung angegebene Zahl von Maschen in den Ring häkeln. Die Maschen bilden einen Kreis und können dicht nebeneinander gehäkelt oder durch 1 Luftmasche voneinander getrennt sein. Die Runde mit 1 Kettmasche schließen.

2 In der 2. Runde 6 durch Luftmaschenbogen getrennte Maschengruppen in die Vorrunde häkeln. Dadurch entsteht die Sechseckform, bei der die Ecken durch Luftmaschenbogen gebildet werden. Die Luftmaschenbogen dienen als Grundlage für die Ecken in der nächsten und allen folgenden Runden.

SECHSECKE WÄHREND DES HÄKELNS VERBINDEN

Zunächst arbeiten Sie ein vollständiges Motiv, dann verbinden Sie die Kanten weiterer Motive beim Häkeln der jeweils letzten Runde mit denen dieses ersten Motivs. Wenn Sie ein rechteckiges Modell planen, können Sie die ersten paar Sechsecke zu einem Streifen verbinden und diesen als Basis zum Anhäkeln der übrigen Motive verwenden. Sie können aber auch mit einem Motiv beginnen und Ihr Modell von der Mitte nach außen wachsen lassen.

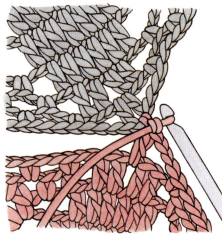

1 Das 2. Motiv bis zur letzten Runde häkeln. Nach Anleitung über die 1. Seite häkeln, dann das 1. Stäbchen der Eckgruppe arbeiten. Die Kanten beider Sechsecke aneinander legen und mit einer festen Masche in den Luftmaschenbogen in der Ecke des 1. Sechsecks verbinden.

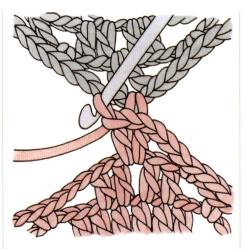

2 Zum 2. Sechseck zurückkehren und 1 Stäbchen häkeln, um die Ecke zu vervollständigen.

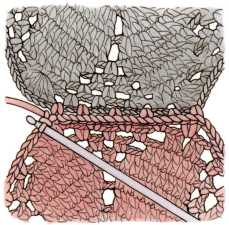

3 Weiter rund um das Sechseck häkeln und dabei die Luftmaschenbogen beider Sechsecke verbinden wie folgt: 1 Luftmasche, 1 feste Masche um den gegenüberliegenden Luftmaschenbogen, 1 Luftmasche. So bis zur nächsten Ecke weiterarbeiten. In der Ecke das 1. Stäbchen nach Anleitung und anschließend 1 feste Masche um den Luftmaschenbogen des 1. Sechsecks häkeln.

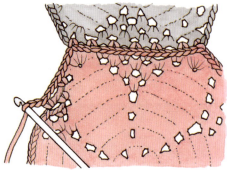

4 1 Stäbchen arbeiten, um die Ecke zu vervollständigen, dann den Rest der Runde nach Anleitung häkeln. Den Faden abschneiden und sichern.

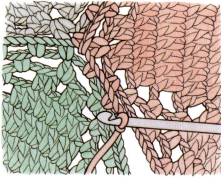

5 Weitere Sechsecke an die ersten 2 Motive auf dieselbe Weise anfügen und dabei nach Bedarf 1, 2 oder mehr Kanten anhäkeln.

MUSTER SAMMLUNG

KLASSISCHES SECHSECK

Garn: 3 Farben (A, B und C)

Anfangsring: 6 Lftm in Fb A mit 1 Kett-M zum Ring schließen.

1. Runde: 4 Lftm (für 1 Stb + 1 Lftm), 11 x [1 Stb in den Ring, 1 Lftm], 1 Kett-M in die 3. der 4 Lftm (= 12 Stb).

2. Runde: 3 Lftm (für 1 Stb), 2 Stb um den folg 1-Lftm-Bg, 1 Stb in das folg Stb, 2 Lftm, * 1 Stb in das folg Stb, 2 Stb um den folg 1-Lftm-Bg, 1 Stb in das folg Stb, 2 Lftm; ab * noch 4 x wdh, 1 Kett-M in die 3. der 3 Anfangs-Lftm.

3. Runde: 3 Lftm, 1 Stb in dieselbe Einstichstelle wie die Kett-M, je 1 Stb in die folg 2 Stb, 2 Stb in das folg Stb, 2 Lftm, * 2 Stb in das folg Stb, je 1 Stb in die folg 2 Stb, 2 Stb in das folg Stb, 2 Lftm; ab * noch 4 x wdh, 1 Kett-M in die 3. der 3 Anfangs-Lftm. Fb A abschneiden.

4. Runde: Fb B anschlingen. 3 Lftm, 1 Stb in dieselbe Einstichstelle wie die Kett-M, je 1 Stb in die folg 4 M, 2 Stb in das folg Stb, 2 Lftm, * 2 Stb in das folg Stb, je 1 Stb in die folg 4 Stb, 2 Stb in das folg Stb, 2 Lftm; ab * noch 4 x wdh, 1 Kett-M in die 3. der 3 Anfangs-Lftm.

5. Runde: 3 Lftm, je 1 Stb in die folg 7 Stb, * 3 Lftm, 1 fM um den folg 2-Lftm-Bg, 3 Lftm, je 1 Stb in die folg 8 Stb; ab * noch 4 x wdh, 3 Lftm, 1 fM um den folg 2-Lftm-Bg, 3 Lftm, 1 Kett-M in die 3. der 3 Anfangs-Lftm. Fb B abschneiden.

6. Runde: Fb C anschlingen. 1 Kett-M in das folg Stb, 3 Lftm, je 1 Stb in die folg 5 Stb, * 3 Lftm, 2 x [1 fM um den folg 3-Lftm-Bg], das folg Stb übergehen, je 1 Stb in die folg 6 Stb; ab * noch 4 x wdh, 3 Lftm, 2 x [1 fM um den folg 3-Lftm-Bg], 1 Kett-M in die 3. der 3 Anfangs-Lftm.

7. Runde: 1 Kett-M in das folg Stb, 3 Lftm, je 1 Stb in die folg 3 Stb, 3 Lftm, * 3 x [1 fM um den folg 3-Lftm-Bg], das folg Stb übergehen, je 1 Stb in die folg 4 Stb; ab * noch 4 x wdh, 3 Lftm, 3 x [1 fM um den folg 3-Lftm-Bg, 3 Lftm], 1 Kett-M in die 3. der 3 Anfangs-Lftm.

8. Runde: 1 Kett-M zwischen das 2. und 3. Stb der Gruppe, 4 Lftm (für 1 Stb + 1 Lftm), 1 Stb in dieselbe Einstichstelle wie die Kett-M, * 3 Lftm, 4 x [1 fM um den folg 3-Lftm-Bg, 3 Lftm], [1 Stb, 1 Lftm, 1 Stb] zwischen das 2. und 3. Stb der Gruppe; ab * noch 4 x wdh, 3 Lftm, 4 x [1 fM um den 3-Lftm-Bg, 3 Lftm], 1 Kett-M in die 3. der 4 Anfangs-Lftm.

Faden abschneiden und sichern.

ZEICHENERKLÄRUNG

Luftmasche	o
Kettmasche	.
feste Masche	+
Stäbchen	T
Doppelstäbchen	⊤
Neue Farbe anschlingen	◀
Faden abschneiden	◁

▶ Fortsetzung auf Seite 86

RAD IM SECHSECK

Garn: 1 Farbe

Anfangsring: 6 Lftm anschl und mit 1 Kett-M zum Ring schließen.

1. Runde: 6 Lftm (für 1 DStb + 2 Lftm), 1 DStb in den Ring, * 2 Lftm, 1 DStb in den Ring; ab * noch 9 x wdh, 2 Lftm, die Rd schließen mit 1 Kett-M in die 4. der 6 Anfangs-Lftm (= 12 DStb).

2. Runde: 1 Kett-M um den nächsten 2-Lftm-Bg, 3 Lftm (für 1 Stb), [1 Stb, 2 Lftm, 2 Stb] um den nächsten 2-Lftm-Bg wie die Kett-M, * 3 Stb um den nächsten 2-Lftm-Bg, [2 Stb, 2 Lftm, 2 Stb] um den nächsten 2-Lftm-Bg; ab * noch 4 x wdh, 3 Stb um den nächsten 2-Lftm-Bg; die Rd schließen mit 1 Kett-M in die 3. der 3 Anfangs-Lftm.

3. Runde: 3 Lftm (für 1 Stb), 1 Stb in das nächste Stb, [2 Stb, 3 Lftm, 2 Stb] um den nächsten 2-Lftm-Bg, je 1 Stb in die nächsten 7 Stb, * [2 Stb, 3 Lftm, 2 Stb] um den nächsten 2-Lftm-Bg, je 1 Stb in die nächsten 7 Stb; ab * noch 4 x wdh, jedoch den letzten Rapport mit 5 Stb beenden, die Rd schließen mit 1 Kett-M in die 3. der 3 Anfangs-Lftm.

4. Runde: 3 Lftm (für 1 Stb), je 1 Stb in die nächsten 3 Stb, * 3 Stb um den nächsten 3-Lftm-Bg, je 1 Stb in die nächsten 11 Stb; ab * noch 4 x wdh, 3 Stb um den nächsten 3-Lftm-Bg, je 1 Stb in die nächsten 7 Stb, die Rd schließen mit 1 Kett-M in die 3. der 3 Anfangs-Lftm.

Faden abschneiden und sichern.

Zeichenerklärung siehe Seite 85

GROSSMUTTERS SECHSECK

Garn: 3 Farben (A, B und C)

Anfangsring: Mit Fb A 8 Lftm anschl und mit 1 Kett-M zum Ring schließen.

1. Runde: 3 Lftm (für 1 Stb, 2 Stb in den Ring, 3 Lftm, * 3 Stb in den Ring, 3 Lftm; ab * noch 4 x wdh, die Rd schließen mit 1 Kett-M in die 3. der 3 Anfangs-Lftm. Faden in Fb A abschneiden.

2. Runde: Fb B in einem 3-Lftm-Bg anschlingen, 3 Lftm (für 1 Stb), [2 Stb, 3 Lftm, 3 Stb] um denselben Bg (= Ecke), * 1 Lftm, [3 Stb, 3 Lftm, 3 Stb] um den nächsten 3-Lftm-Bg (= Ecke); ab * noch 4 x wdh, 1 Lftm, die Rd schließen mit 1 Kett-M in die 3. der 3 Anfangs-Lftm. Faden in Fb B abschneiden.

3. Runde: Fb C in einem Eck-Bg anschlingen, 3 Lftm, [2 Stb, 3 Lftm, 3 Stb] um denselben Bg, * 1 Lftm, 3 Stb um den nächsten 1-Lftm-Bg, 1 Lftm, [3 Stb, 3 Lftm, 3 Stb] um den nächsten Eck-Bg; ab * noch 4 x wdh, 1 Lftm, 3 Stb um den nächsten 1-Lftm-Bg, 1 Lftm, die Rd schließen mit 1 Kett-M in die 3. der 3 Anfangs-Lftm. Faden in Fb C abschneiden.

4. Runde: Fb B in einem Eck-Bg anschlingen, 3 Lftm, [2 Stb, 3 Lftm, 3 Stb] um denselben Bg, * [1 Lftm, 3 Stb] um jeden 1-Lftm-Bg entlang der Seite des Sechsecks, 1 Lftm, [3 Stb, 3 Lftm, 3 Stb] um den nächsten Eck-Bg; ab * noch 4 x wdh, [1 Lftm, 3 Stb] um jeden 1-Lftm-Bg entlang der Seite des Sechsecks, 1 Lftm, die Rd schließen mit 1 Kett-M in die 3. der 3 Anfangs-Lftm. Faden in Fb B abschneiden.

5. Runde: Fb A in einem Eck-Bg anschlingen, 3 Lftm, [2 Stb, 3 Lftm, 3 Stb] um denselben Bg, * [1 Lftm, 3 Stb] um jeden 1-Lftm-Bg entlang der Seite des Sechsecks, 1 Lftm, [3 Stb, 3 Lftm, 3 Stb] um den nächsten Eck-Bg; ab * noch 4 x wdh, [1 Lftm, 3 Stb] um jeden 1-Lftm-Bg entlang der Seite des Sechsecks, 1 Lftm, die Rd schließen mit 1 Kett-M in die 3. der 3 Anfangs-Lftm. Faden in Fb A abschneiden.

6. Runde: 1 Lftm, 1 fM in jedes Stb der Vor-Rd, 1 fM um jeden 1-Lftm-Bg entlang der Seiten des Sechsecks und 3 fM um jeden 3-Lftm-Eck-Bg, die Rd schließen mit 1 Kett-M in die 1. fM. Faden abschneiden und sichern.

TUNESISCHE HÄKELEI

Die tunesische Häkelei verbindet quasi zwei Handarbeitstechniken: das Häkeln und das Sticken. Dabei entsteht ein fester und doch elastischer Stoff. Tunesische Häkelnadeln sehen aus wie lange Stricknadeln mit einem Haken an einem Ende. Sie sind in verschiedenen Stärken und Längen erhältlich.

Die Länge der Häkelnadel entscheidet darüber, wie breit die Häkelarbeit werden kann. Es gibt auch Flex-Häkelnadeln, bei denen eine kürzere Nadel mit dem Haken an ein langes, flexibles Kabel mit Stopper am anderen Ende angeschweißt ist. Flex-Nadeln sind länger als normale tunesische Häkelnadeln und erlauben das Häkeln breiterer Teile. Arbeitsfaden und Häkelnadel hält man wie beim Häkeln gewohnt.

EINFACHER TUNESISCHER HÄKELSTICH

Für tunesische Häkelarbeiten schlägt man zunächst eine Luftmaschenkette an. Jede folgende Reihe wird in zwei Schritten gearbeitet: Auf dem Hinweg (= Aufnahmereihe) werden Schlingen aufgenommen, auf dem Rückweg (= Abhäkelreihe) werden sie paarweise abgemascht, ohne dass die Arbeit gewendet wird. Der einfache tunesische Stich ist das Grundmuster. Andere Stiche stellen Varianten dar, für die man die Häkelnadel unterschiedlich einsticht oder die Schlingen anders bildet.

1 Eine Luftmaschenkette wie gewohnt anschlagen. Die Häkelnadel ins hintere Maschenglied der 2. Luftmasche einstechen, den Faden um die Nadel legen und eine Schlinge durch die Luftmasche holen (= 2 Schlingen auf der Häkelnadel).

2 Die Häkelnadel ins hintere Maschenglied der 3. Luftmasche einstechen, den Faden um die Häkelnadel legen und eine Schlinge durchholen (= 3 Schlingen auf der Häkelnadel).

3 So fortfahren, bis Sie aus jeder Luftmasche eine Schlinge geholt haben und eine Reihe von Schlingen auf der Häkelnadel liegt. Die Arbeit nicht wenden.

Siehe auch: **Grundtechniken (Seite 12)**

Tunesische Häkelei 89

4 Den Faden um die Häkelnadel legen und durch die 1. Schlinge auf der Nadel holen. Den Faden noch einmal holen und durch die nächsten 2 Schlingen auf der Häkelnadel ziehen. Von links nach rechts weiterarbeiten und jeweils 2 Schlingen zugleich abmaschen, bis nur noch 1 Schlinge auf der Häkelnadel liegt.

6 Die Häkelnadel unter dem nächsten vertikalen Maschenglied einstechen, den Faden holen und als Schlinge durchziehen (= 3 Schlingen auf der Häkelnadel). Die Reihe entlang auf diese Weise weiterarbeiten, sodass am Ende eine Reihe von Schlingen auf der Nadel liegt. Die Arbeit nicht wenden.

7 Für die Rückreihe den Faden holen und durch die 1. Schlinge auf der Häkelnadel ziehen, dann die Schlingenreihe abhäkeln, wie unter Schritt 4 beschrieben, bis am Ende der Reihe nur noch 1 Schlinge auf der Häkelnadel liegt. Ab Schritt 5 stets wiederholen, mit einer Rückreihe enden.

5 Für die 2. Reihe das 1. vertikale Maschenglied übergehen und die Häkelnadel von links nach rechts unter dem nächsten vertikalen Maschenglied einstechen, den Faden holen und durchziehen, sodass eine Schlinge auf der Häkelnadel entsteht (= 2 Schlingen auf der Häkelnadel).

Die maximale Breite der Häkelarbeit wird durch die Länge der Häkelnadel bestimmt.

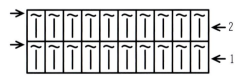

Diese Häkelschrift zeigt die Arbeitsweise für den einfachen tunesischen Häkelstich (Zeichenerklärung siehe Seite 90).

ABKETTEN EINER TUNESISCHEN HÄKELARBEIT

Die Oberkante von tunesischen Häkelarbeiten muss mit einer Reihe fester Maschen behäkelt werden, damit sie sauber aussieht und fester gerät.

1 Den Faden holen und durch die 1. Schlinge auf der Häkelnadel ziehen (= 1 Luftmasche).

2 Die Häkelnadel von rechts nach links unter dem 2. vertikalen Maschenglied einstechen, den Faden holen und als Schlinge durchziehen (= 2 Schlingen auf der Häkelnadel).

3 Den Faden wieder holen und durch beide Schlingen auf der Häkelnadel ziehen, um die feste Masche zu vollenden.

4 Unter jedem vertikalen Maschenglied der Reihe 1 feste Masche arbeiten, dann den Faden abschneiden und sichern.

MUSTER
SAMMLUNG

ZEICHENERKLÄRUNG

Einfacher tunesischer Stich

Tunesischer Strickstich

Tunesischer Filetstich

Aufnahmereihe ←

Abhäkelreihe →

Tunesische Häkelei 91

TUNESISCHER STRICKSTICH

Diese Variante sieht von der rechten Seite aus wie glatt rechtes Gestrick, doch ist der Stoff dicker und fester als eine Strickarbeit. Vermutlich brauchen Sie für dieses Muster eine dickere Häkelnadel.

Beliebige Lftm-Zahl + 1 Lftm.

1. Reihe (Aufnahme-R): In die 2. Lftm von der Häkel-Nd aus einstechen, 1 Schlinge durchholen; * in die nächste Lftm einstechen und 1 Schlinge durchholen; ab * fortlfd wdh bis R-Ende, alle Schlingen auf der Häkel-Nd lassen. Arbeit nicht wenden.

1. Reihe (Abhäkel-R): Faden holen und durch 1 Schlinge auf der Häkel-Nd ziehen, * Faden holen und durch 2 Schlingen auf der Häkel-Nd ziehen; ab * fortlfd wdh, bis nur noch 1 Schlinge auf der Häkel-Nd liegt.

2. Reihe (Aufnahme-R): Das 1. vertikale M-Glied übergehen, vor dem nächsten vertikalen M-Glied von vorne nach hinten durch die Arbeit hindurch einstechen, den Faden als Schlinge durchholen, * von vorne nach hinten vor dem nächsten vertikalen M-Glied einstechen, 1 Schlinge durchholen; ab * fortlfd wdh bis R-Ende, alle Schlingen auf der Häkel-Nd lassen. Arbeit nicht wenden.

2. Reihe (Abhäkel-R): Faden holen und durch die Schlinge auf der Häkel-Nd ziehen, * Faden holen und durch 2 Schlingen auf der Häkel-Nd ziehen; ab * fortlfd wdh, bis nur noch 1 Schlinge auf der Häkel-Nd liegt.

Die 2. R stets wdh; mit einer Abhäkel-R enden.

Die Oberkante abketten, wie auf Seite 90 beschrieben, jedoch die Häkel-Nd wie beim Aufnehmen der Schlingen von vorne nach hinten vor jedem vertikalen M-Glied durchstehen.

Faden abschneiden und sichern.

TUNESISCHER FILETSTICH

Dieses Muster ergibt einen hübschen, spitzenartigen Stoff, der sich hervorragend für eine Babydecke oder eine Stola eignet.

Beliebige Lftm-Zahl + 1 Lftm.

1. Reihe (Aufnahme-R): In die 3. Lftm von der Häkel-Nd aus einstechen, den Faden durchholen, 1 Lftm, * in die nächste Lftm einstechen, den Faden als Schlinge durchholen, 1 Lftm; ab * fortlfd wdh bis R-Ende, alle Schlingen auf der Häkel-Nd lassen. Arbeit nicht wenden.

1. Reihe (Abhäkel-R): Faden holen und durch 1 Schlinge auf der Häkel-Nd ziehen, * Faden holen und durch 2 Schlingen auf der Häkel-Nd ziehen; ab * fortlfd wdh, bis nur noch 1 Schlinge auf der Häkel-Nd liegt.

2. Reihe (Aufnahme-R): 1 Lftm, das 1. vertikale M-Glied übergehen, * unter dem horizontalen M-Glied knapp über und hinter dem nächsten vertikalen M-Glied einstechen, Faden durchholen, 1 Lftm; ab * fortlfd wdh bis R-Ende, alle Schlingen auf der Häkel-Nd lassen. Arbeit nicht wenden.

1. Reihe (Abhäkel-R): Faden holen und durch 1 Schlinge auf der Häkel-Nd ziehen, * Faden holen und durch 2 Schlingen auf der Häkel-Nd ziehen; ab * fortlfd wdh, bis nur noch 1 Schlinge auf der Häkel-Nd liegt.

Die 2. R stets wdh; mit einer Abhäkel-R enden.

Die Oberkante abketten, wie auf Seite 90 beschrieben, jedoch die Häkel-Nd wie beim Aufnehmen der Schlingen jeweils unter dem horizontalen M-Glied knapp oberhalb und hinter dem nächsten vertikalen M-Glied einstechen.

Faden abschneiden und sichern.

SCHLINGENHÄKELEI

Für die Schlingenhäkelei, bei der ein weicher, spitzenartiger Stoff entsteht, benötigt man neben einer normalen Häkelnadel eine dicke Stricknadel.

Die Länge der Stricknadel entscheidet über die Breite der Häkelarbeit. Möglicherweise müssen Sie daher mehrere Streifen arbeiten und sie später zusammennähen, um auf die gewünschte Breite zu kommen. Diese Technik verwendet man für Stolen, Schals, Umschlagtücher und Decken. Woll- oder weiches Mohairgarn bringt den Effekt besonders gut zur Geltung.

DIE TECHNIK DER SCHLINGENHÄKELEI

Jede Reihe der Schlingenhäkelei wird in zwei Schritten gearbeitet. Beim ersten Arbeitsschritt, der Schlingenreihe, häkelt man eine Reihe von Schlingen und hebt sie auf die Stricknadel. Beim zweiten Schritt, der Abhäkelreihe, lässt man alle Schlingen von der Stricknadel gleiten und häkelt sie gruppenweise zusammen. Anfänger arbeiten am besten eine Grundreihe aus festen Maschen, während erfahrene Häklerinnen die erste Schlingenreihe bereits in die Luftmaschenkette häkeln können.

2 Mit der Schlingenreihe beginnen: Die Stricknadel sicher unter dem linken Arm halten, die Schlinge auf der Häkelnadel verlängern und auf die Stricknadel übertragen.

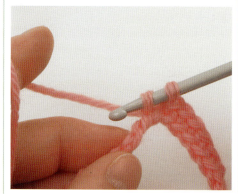

1 Für das abgebildete Muster eine durch 5 teilbare Luftmaschenzahl anschlagen und noch 1 Wendeluftmasche zugeben. Die Arbeit wenden und 1 Reihe feste Maschen in die Luftmaschenkette häkeln.

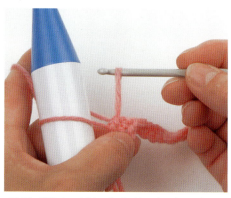

3 Die Häkelnadel in die 2. Masche einstechen, den Faden holen und als Schlinge durchziehen, die Schlinge verlängern und auf die Stricknadel heben.

WELCHE SEITE VERWENDEN?

Sie können entweder die glatte Seite (obere Abb.) oder die gerippte Seite (untere Abb.) als rechte Seite Ihrer Schlingenhäkelei verwenden.

Siehe auch: Grundtechniken (Seite 12)

Schlingenhäkelei 93

4 Durch jede Masche der Grundreihe auf die beschriebene Weise 1 Schlinge durchholen und auf die Stricknadel heben. Die Schlingenzahl muss durch 5 teilbar sein.

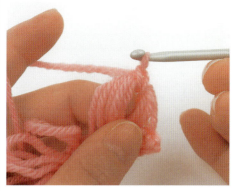

6 Den Arbeitsfaden holen, durch die Mitte der 5 Schlingen ziehen und 1 Luftmasche arbeiten.

8 Für die nächste Schlingenreihe die Arbeit nicht wenden. Die 1. Schlinge auf der Häkelnadel verlängern und die Schlingenreihe wiederholen, wie oben beschrieben. Weiter Schlingen- und Abhäkelreihen im Wechsel häkeln, bis die Arbeit die gewünschte Höhe erreicht hat. Mit einer Abhäkelreihe enden.

5 Mit der Abhäkelreihe beginnen: Alle Schlingen von der Stricknadel schieben und die Arbeit in der linken Hand halten. Die Häkelnadel von rechts nach links durch die ersten 5 Schlingen einstechen.

7 5 feste Maschen um die 5 Schlingen häkeln; dabei jedes Mal durch die Mitte der Schlingen einstechen. Die Reihe entlang weiter jeweils 5 Schlingen zusammenfassen und mit 5 festen Maschen behäkeln, um die 1. Abhäkelreihe zu vollenden.

TIPP

Möglicherweise erscheint Ihnen die Schlingenhäkelei am Anfang ziemlich knifflig, vor allem beim Aufnehmen der Schlingen. Vielleicht tun Sie sich leichter, wenn Sie die Stricknadel zwischen den Knien statt unter dem Arm halten.

GABELHÄKELEI

Bei der Gabelhäkelei arbeitet man mit einer normalen Häkelnadel und einem speziellen Werkzeug, der Gabel. Dabei entstehen spitzenartige Schlingenborten, die oft als Verzierung an anderen Häkelarbeiten angebracht werden.

Viele Häkelgabeln sind verstellbar, sodass Sie Schlingenborten unterschiedlicher Breite häkeln können. Die Metallstäbe werden oben und unten durch Kunststoffteile zusammengehalten und können in engerem oder weiterem Abstand zueinander eingesetzt werden, um schmalere oder breitere Schlingenborten zu arbeiten.

Zwischen den beiden Metallstäben arbeitet man mit Garn und Häkelnadel eine Reihe von Schlingen, bis die Gabel gefüllt ist. Dann nimmt man alle bis auf einige wenige Schlingen von der Gabel und setzt die Arbeit fort. Wenn die Schlingenborte die gewünschte Länge erreicht hat, streift man alle Schlingen von der Gabel. Die Schlingenborten können Sie weiterverwenden, wie sie sind, oder entlang der Schlingenkanten mit festen Maschen behäkeln.

Verstellbare Häkelgabel

TECHNIK DER GABELHÄKELEI

1 Die Metallstäbe im gewünschten Abstand in die Halterung einsetzen. Eine Anfangsschlinge arbeiten und über den linken Stab legen.

2 Den Knoten der Anfangsschlinge in der Mitte zwischen den beiden Stäben platzieren. Den Faden um den rechten Stab führen und wie bei der normalen Häkelei mit den Fingern straffen.

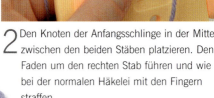

Schlingenborte in Gabelhäkelei

3 Die Häkelnadel in die linke Schlinge einstechen, den Faden holen und durch die Schlinge ziehen.

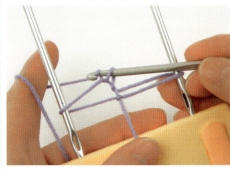

4 Den Faden noch einmal holen und durch die Schlinge auf der Häkelnadel ziehen, um den Faden zu sichern.

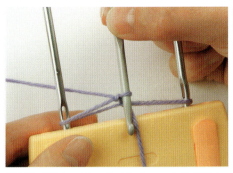

5 Die Häkelnadel vertikal halten und die Häkelgabel um 180° im Uhrzeigersinn drehen. Dadurch legt sich der Faden um den rechten Metallstab, und die andere Seite der Kunststoffhalterung zeigt zu Ihnen.

6 Die Häkelnadel unter der vorderen Schlinge auf dem linken Stab einstechen, den Faden von der Rückseite der Gabel holen und durchziehen, sodass nun 2 Schlingen auf der Häkelnadel liegen.

TIPP

Wenn Sie Schwierigkeiten haben, die Arbeit zwischen den beiden Stäben zu zentrieren, können Sie das Fadenende mit Kreppklebeband an der Kunststoffhalterung fixieren, nachdem Sie den Knoten der Anfangsschlinge bei Schritt 2 in die Mitte geschoben haben.

7 Den Faden holen und durch beide Schlingen auf der Häkelnadel ziehen, um 1 feste Masche zu arbeiten.

8 Schritt 5, 6 und 7 fortlaufend wiederholen, bis die gesamte Gabel mit Schlingen gefüllt ist. Vergessen Sie nicht, die Gabel jedes Mal zu drehen!

9 Wenn die Gabel gefüllt ist, die 2. Kunststoffhalterung oben auf die Metallstäbe stecken, die untere Halterung abnehmen und die Schlingenborte nach unten abstreifen. Die letzten Schlingen bleiben auf der Gabel.

10 Die untere Halterung wieder anbringen, die obere entfernen und die Schlingenborte weiterhäkeln, wie oben beschrieben. Wenn die Borte die gewünschte Länge hat, das Fadenende mit der Häkelnadel durch die letzte Masche ziehen und die Borte von der Gabel streifen.

11 Um eine Kante der Borte zu behäkeln, 1 Anfangsschlinge auf die Häkelnadel legen, in die 1. Schlinge einer Kante einstechen und 1 feste Masche häkeln. Alle Schlingen so gedreht lassen, wie sie von der Gabel kommen, und in jede Schlinge 1 feste Masche arbeiten, dann den Faden abschneiden und sichern. Den Vorgang an der 2. Kante wiederholen.

BÄNDER UND KORDELN

Häkelkordeln können auf verschiedene Weise angefertigt werden. Sie können flach oder rund, schmal oder breit sein und dienen beispielsweise als Henkel oder Schulterriemen für Taschen oder als Bindebänder am Halsausschnitt von Kleidungsstücken. Mehrere Bänder unterschiedlicher Länge können als Spiralen, Streifen oder Kringel zur Dekoration auf eine einfache Häkelarbeit genäht werden.

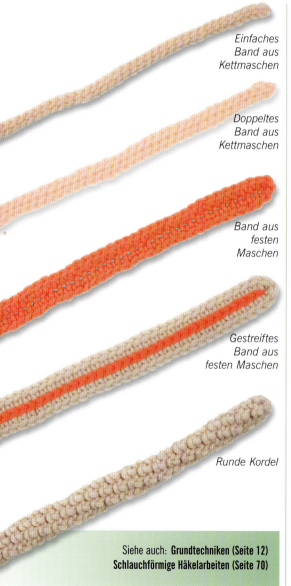

Einfaches Band aus Kettmaschen

Doppeltes Band aus Kettmaschen

Band aus festen Maschen

Gestreiftes Band aus festen Maschen

Runde Kordel

Siehe auch: Grundtechniken (Seite 12)
Schlauchförmige Häkelarbeiten (Seite 70)

Beim Häkeln einer Kordel oder eines Bandes muss die Luftmaschenkette für den Anfang länger sein, als die Kordel werden soll, denn sie wird beim Behäkeln kürzer. Schlagen Sie deshalb einige Zentimeter mehr an, als Sie voraussichtlich brauchen.

Hier lernen Sie die schnellsten und einfachsten Techniken kennen, schmale und doch feste Bänder für die verschiedensten Zwecke anzufertigen. Das doppelte Band aus Kettmaschen ist etwas breiter als die einfache Variante.

EINFACHES BAND AUS KETTMASCHEN

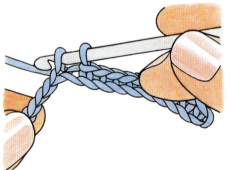

Eine Luftmaschenkette in der erforderlichen Länge anschlagen. Zu einer etwas dünneren Häkelnadel wechseln, in die 2. Luftmasche von der Häkelnadel aus einstechen und 1 Reihe Kettmaschen in die oberen Maschenglieder der Luftmaschenkette häkeln. Ein etwas anderer Effekt entsteht, wenn Sie in die hinteren statt in die oberen Glieder der Luftmaschen einstechen.

DOPPELTES BAND AUS KETTMASCHEN

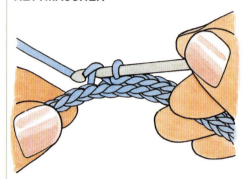

Eine Luftmaschenkette in der erforderlichen Länge anschlagen. Zu einer etwas dünneren Häkelnadel wechseln, in die 2. Luftmasche von der Häkelnadel aus einstechen und 1 Reihe Kettmaschen in beide Seiten der Luftmaschenkette häkeln, dabei am Ende der 1. Seite mit 1 Luftmasche wenden.

TIPP

Möglicherweise müssen Sie zum Häkeln der Kettmaschen eine deutlich dünnere Häkelnadel verwenden. Das Kettmaschenband sollte ziemlich steif, nicht locker und weich sein.

Bänder und Kordeln 97

BAND AUS FESTEN MASCHEN

Dieses flache Band ist breiter als die beiden zuvor beschriebenen Bänder. Sie können es einfarbig arbeiten oder mit einer Reihe Kettmaschen in einer Kontrastfarbe behäkeln.

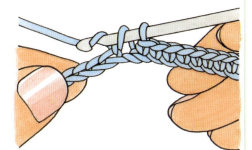

1 Eine Luftmaschenkette in der erforderlichen Länge anschlagen. Zu einer etwas dünneren Häkelnadel wechseln, in die 2. Luftmasche von der Häkelnadel aus einstechen und 1 Reihe feste Maschen entlang einer Seite der Luftmaschenkette häkeln.

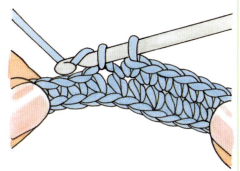

2 Am Ende der 1. Seite 1 Luftmasche häkeln, wenden und die 2. Seite der Luftmaschenkette genauso behäkeln.

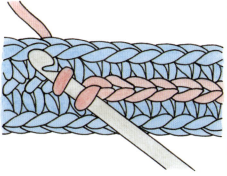

3 Mit kontrastfarbenem Garn 1 Reihe Kettmaschen über die Mitte des Bandes häkeln. Damit die Maschen sich nicht zusammenziehen und das Band verformen, können Sie eine etwas dickere Häkelnadel für das kontrastfarbene Garn verwenden.

RUNDE KORDEL

Anders als die bisher vorgestellten Bänder wird diese Kordel immer rundherum in einer fortlaufenden Spirale aus festen Maschen bis zur gewünschten Länge gehäkelt. Dabei entsteht eine dicke Kordel, die sich gut für Taschenhenkel und Umhängeriemen eignet.

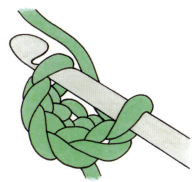

1 5 Luftmaschen anschlagen und mit 1 Kettmasche zum Ring schließen. 1 Luftmasche häkeln, dann 1 feste Masche in das obere Glied der nächsten Luftmasche arbeiten.

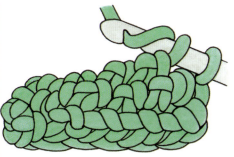

2 Je 1 feste Masche in das obere Glied jeder Luftmasche häkeln, dann Runde für Runde weiterhäkeln und dabei stets 1 feste Masche in das obere Glied der Masche aus der Vorrunde arbeiten. Nach und nach bildet sich die Kordel und dreht sich leicht spiralförmig.

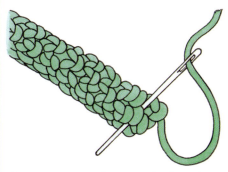

3 Wenn die Kordel die gewünschte Länge hat, den Faden abschneiden. Das Fadenende in eine Wollnadel einfädeln und die Nadel durch das obere Glied jeder Masche führen, um die Maschen zusammenzuziehen und das Ende der Spirale zu schließen. Das Fadenende vernähen. Die Öffnung am Beginn der Kordel auf dieselbe Weise schließen.

ALLERLEI VERZIERUNGEN

Spiralen und Blüten sind schnell gehäkelt und verleihen allen Arten von Häkelmodellen den letzten Pfiff und eine ganz persönliche Note.

Eine Häkelspirale können Sie an einem Schlüsselring oder als Zipper an einem Reißverschluss anbringen. Mit ganzen Büscheln von Spiralen anstelle von Quasten können Sie die Ecken einer Häkeldecke verzieren. Kleidungsstücke und Accessoires lassen sich mit einer einzelnen Blüte oder mit mehreren Blüten in verschiedenen Farben fantasievoll dekorieren.

EINFACHE SPIRALE

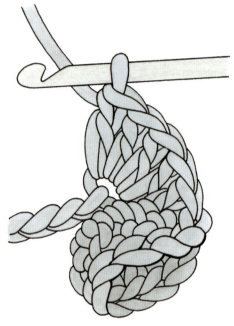

1 Eine lockere Kette aus 30 Luftmaschen anschlagen. Zu einer etwas dünneren Häkelnadel wechseln und 2 Stäbchen in die 4. Luftmasche von der Häkelnadel aus arbeiten. In jede weitere Luftmasche der Anschlagkette 4 Stäbchen häkeln.

2 Während des Häkelns beginnt die Arbeit sich ganz von selbst zur Spirale zu verdrehen. Am Ende der Reihe den Faden ca. 30 cm hinter der letzten Masche abschneiden und sichern. Das Fadenende dient zum Annähen der Spirale.

Einfache Spirale

Gestreifte Spirale

Siehe auch:
Grundtechniken (Seite 12)

TIPP

Experimentieren Sie mit unterschiedlichen Garnen. Häkeln Sie beispielsweise eine gestreifte Spirale aus glattem Garn und arbeiten Sie die festen Maschen über die Kante mit flauschigem Mohair- oder Angoragarn.

Allerlei Verzierungen 99

GESTREIFTE SPIRALE

RÜSCHENBLÜTE

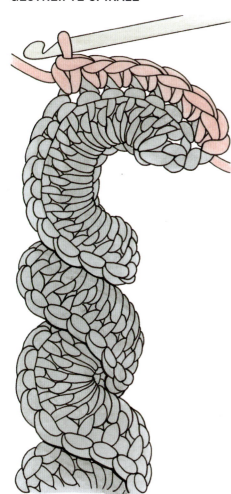

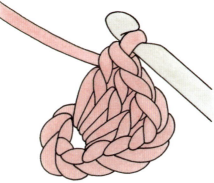

1 Als Basis für das 1. Blütenblatt die in der Anleitung angegebene Zahl von Maschen in einen Luftmaschenring häkeln, dann die Arbeit wenden, sodass die linke Seite vor Ihnen liegt.

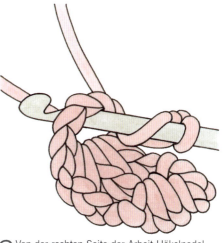

3 Von der rechten Seite der Arbeit Häkelnadel und Arbeitsfaden hinter das eben gehäkelte Blütenblatt führen und die 1. Masche des nächsten Blütenblattes in den Luftmaschenring häkeln. Dadurch nimmt das Blütenblatt eine plastische, dreidimensionale Form an. Den Rest der Runde arbeiten, wie in der Anleitung angegeben.

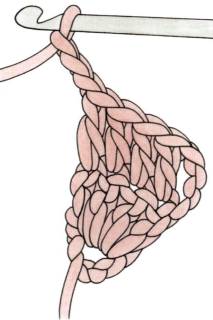

In einer Garnfarbe eine einfache Spirale häkeln, wie auf Seite 98 beschrieben; dabei ein langes Fadenende zum Annähen der Spirale hängen lassen. Einen kontrastfarbenen Faden an der äußeren Kante am oberen Ende der Spirale anschlingen und 1 Reihe feste Maschen über die Kante arbeiten. Beide Enden des kontrastfarbenen Garnes vernähen.

2 Den Rest des Blütenblattes in die Basismaschen arbeiten, mit 3 Luftmaschen wenden, sodass Sie nun wieder die rechte Seite der Arbeit vor Augen haben.

Rüschenblüte

MEHRLAGIGE BLÜTE

1. Die 1. Runde in den Luftmaschenring häkeln, dabei 8 Speichen für das Blütenzentrum arbeiten.

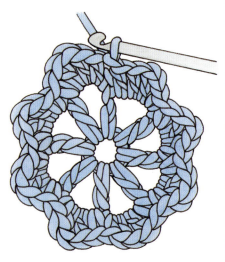

2. Die 1. Runde Blütenblätter um die Luftmaschenbogen zwischen den Speichen häkeln. Am Ende der Runde den Faden abschneiden und das Fadenende in dieser ersten Farbe sauber auf der Rückseite vernähen.

3. Eine Anfangsschlinge in der 2. Farbe auf die Häkelnadel legen, auf der Rückseite der Blüten die Häkelnadel unter einer der Mittelspeichen einstechen und 1 Kettmasche arbeiten. Die nächste Runde Blütenblätter in der 2. Farbe häkeln, wie in der Anleitung angegeben.

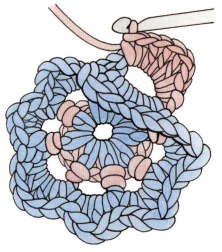

4. Die letzte Runde Blütenblätter von der rechten Seite der Blüte arbeiten und dabei die Blütenblätter der 2. Runde nach vorne klappen, damit sie nicht im Weg sind.

Mehrlagige Blüte

TIPP

Kombinieren Sie strukturierte und Metallic-Garne, um außergewöhnliche Blüten zu häkeln.

MUSTER SAMMLUNG

ZEICHENERKLÄRUNG

Luftmasche o

Kettmasche .

feste Masche +

halbes Stäbchen T

Stäbchen ╪

Stäbchen um 1 Speiche ⌡

Arbeitsrichtung ↷

Faden abschneiden ◀

Neue Farbe anschlingen ◁

3 Luftmaschen am Ende eines Blütenblattes als Verbindung zur 1. Masche des nächsten Blütenblattes

RÜSCHENBLÜTE

Hübsch gerüschte Blütenblätter bilden diese Blüte aus einer einzigen Häkelrunde. Jedes Blütenblatt wird einzeln fertiggestellt und dann gefaltet.

Anfangsring: 6 Lftm anschl und mit 1 Kett-M zum Ring schließen.

1. Runde: 3 Lftm (für 1 Stb), 3 Stb in den Ring, 3 Lftm, wenden; 1 Stb in das 1. Stb, je 1 Stb in die nächsten 2 Stb, 1 Stb in die 3. der 3 Lftm (= 1 Blütenblatt), 3 Lftm, wenden; * über die Rückseite des eben gehäkelten Blütenblattes 4 Stb in den Ring, 3 Lftm, wenden; 1 Stb in das 1. Stb, je 1 Stb in die nächsten 3 Stb (= 1 Blütenblatt), 3 Lftm, wenden; ab * noch 6 x wdh, die Rd schließen mit 1 Kett-M in die 3. der 3 Lftm am Beginn des 1. Blütenblattes.

Faden abschneiden und sichern.

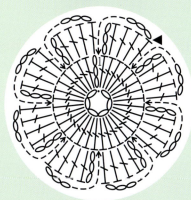

MEHRLAGIGE BLÜTE

Diese Blüte wird in 2 Farben (A und B) gehäkelt und sieht auch reizvoll aus, wenn sie aus 2 verschiedenen Garnen, etwa Metallic- und Mohairgarn, gearbeitet wird. Die untere Runde Blütenblätter wird hinter der vorhergehenden gehäkelt, sodass ein dreidimensionaler Effekt entsteht.

Anfangsring: Mit Fb A 6 Lftm anschl und mit 1 Kett-M zum Ring schließen.

1. Runde: 5 Lftm (für 1 Stb + 2 Lftm), 7 x [1 Stb in den Ring, 2 Lftm], die Rd schließen mit 1 Kett-M in die 3. der 5 Anfangs-Lftm.

2. Runde: 1 Kett-M um den nächsten 2-Lftm-Bg, 1 Lftm, [1 fM, 1 hStb, 1 Stb, 1 hStb, 1 fM] um denselben Bg (= 1 Blütenblatt), [1 fM, 1 hStb, 1 Stb, 1 hStb, 1 fM] um jeden folgenden Lftm-Bg, die Rd schließen mit 1 Kett-M in die 1. fM. Faden in Fb A abschneiden.

Von der Rückseite der Arbeit Fb B an einer der Mittelspeichen anschlingen.

3. Runde: Mit Fb B von der Rückseite der Arbeit häkeln wie folgt: 6 Lftm (für 1 Stb + 3 Lftm), 7 x [1 Stb um die nächste Speiche, 3 Lftm], die Rd schließen mit 1 Kett-M in die 3. der 6 Lftm.

4. Runde: 1 Lftm, die Blüte wieder wenden (rechte Seite oben) und hinter den Blütenblättern der 2. Rd häkeln wie folgt: [1 fM, 1 Lftm, 3 Stb, 1 Lftm, 1 fM] um den nächsten 3-Lftm-Bg (= 1 Blütenblatt), [1 fM, 1 Lftm, 3 Stb, 1 Lftm, 1 fM] um jeden folgenden 3-Lftm-Bg, die Rd schließen mit 1 Kett-M in die 1. fM.

Faden abschneiden und sichern.

DEKORATIVE KANTEN

Häkelkanten unterscheiden sich von Häkelborten und -spitzen durch die Arbeitsweise: Eine Häkelkante oder -umrandung wird direkt an das Modell angehäkelt, während Borten separat gehäkelt und dann angenäht werden.

Die einfachste Methode, den Rand eines Modells zu behäkeln, besteht in einer Reihe fester Maschen, die häufig auch als Grundreihe für andere, dekorativere Kanten dient. Krebsmaschen (= feste Maschen von links nach rechts) ergeben eine stabile, knotenartige Kante, während Muschelkanten Kleidungsstücken eine reizvolle, feminine Note verleihen. Wie kleine Zähnchen wirkt die Pikotkante, die deshalb auch als Mäusezähnchenkante bezeichnet wird.

KANTE AUS FESTEN MASCHEN

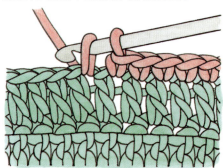

Von rechts nach links 1 Reihe feste Maschen in die Kante des Häkelteils arbeiten, dabei die Maschen gleichmäßig verteilen.

KANTE AUS KREBSMASCHEN

1 Anders als sonst beim Häkeln üblich, werden die Krebsmaschen von links nach rechts gearbeitet. Den Faden auf der Arbeitsrückseite halten und von vorne nach hinten in die nächste Masche einstechen.

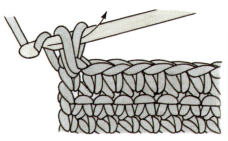

2 Den Faden holen und von hinten nach vorne durchziehen (= 2 Schlingen auf der Häkelnadel). Den Faden noch einmal holen und durch beide Schlingen auf der Häkelnadel ziehen, um die Masche zu vollenden.

MUSCHELKANTE

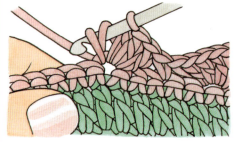

1 Eine Grundreihe aus festen Maschen häkeln (Maschenzahl teilbar durch 6 + 1 Masche), 1 Luftmasche arbeiten und die Arbeit wenden. Von rechts nach links entlang der Reihe 1 feste Masche in die 1. Masche häkeln, * 2 Maschen übergehen, 5 Stäbchen in die nächste Masche häkeln (= 1 Muschel).

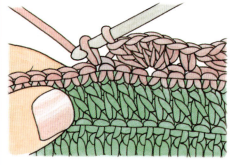

2 2 Maschen übergehen, 1 feste Masche in die nächste Masche häkeln. Ab * fortlaufend wiederholen.

Siehe auch: Grundtechniken (Seite 12)
Borten und Fransen (Seite 106)

Dekorative Kanten 103

PIKOTKANTE

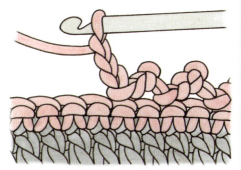

1. Von der linken Seite der Arbeit 1 Reihe feste Maschen über die Kante häkeln (Maschenzahl teilbar durch 2); die Arbeit wenden.
* Für den 1. Pikot 3 Luftmaschen häkeln.

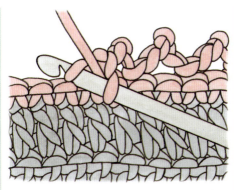

2. Die Häkelnadel ins hintere Maschenglied der 3. Luftmasche von der Häkelnadel aus einstechen und 1 Kettmasche arbeiten.

Kante aus festen Maschen

Kante aus Krebsmaschen

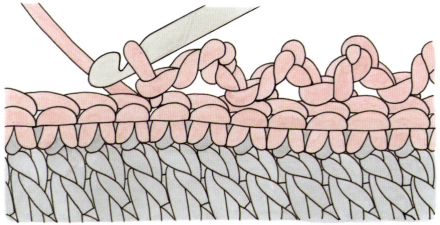

3. Von rechts nach links die Reihe entlang häkeln; 1 feste Masche der Vorreihe übergehen, 1 Kettmasche in die nächste feste Masche häkeln; ab * fortlaufend wiederholen.

Muschelkante

Pikotkante

KNOPFLÖCHER UND KNOPFSCHLAUFEN

Knopflochblenden und Knopfleisten häkelt man am besten in festen Maschen, damit sie stabil sind und sauber aussehen. Knopfschlaufen sind besonders bei Kleidungsstücken mit Lochmustern eine hübsche Alternative zu normalen Knopflöchern.

Häkeln Sie zuerst die Knopfleiste, auf der Sie dann die Stellen für die Knöpfe mit Sicherheitsnadeln markieren. Dann arbeiten Sie die Knopflochblende (oder die Blende mit den Knopfschlaufen) entsprechend, sodass die Löcher oder Schlaufen mit den Markierungen für die Knöpfe übereinstimmen.

KNOPFLÖCHER

Als Grundlage für eine Knopflochblende häkeln Sie von der rechten Seite der Arbeit 1 Reihe gleichmäßig verteilter fester Maschen über die Kante des Kleidungsstücks. Arbeiten Sie weitere Reihen aus festen Maschen, bis die Blende die gewünschte Breite bis zu den Knopflöchern erreicht hat (= ca. die halbe Gesamtbreite); mit einer Rückreihe enden.

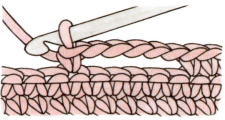

2 1 feste Masche in die Masche nach den übergangenen Maschen häkeln. Auf diese Weise weiter die Knopflochblende entlang häkeln, bis alle Knopflöcher gearbeitet sind.

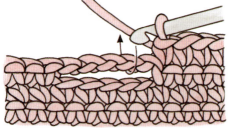

3 In der Rückreihe 1 feste Masche in jede Masche der Vorreihe arbeiten und um jeden Luftmaschenbogen für die Knopflöcher so viele feste Maschen häkeln, wie Luftmaschen umhäkelt werden.

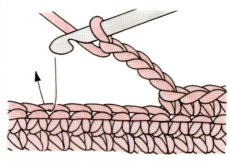

1 Feste Maschen häkeln bis zur Stelle für das 1. Knopfloch, einige Maschen entsprechend der Knopfgröße übergehen und so viele Luftmaschen häkeln, wie Maschen übergangen wurden.

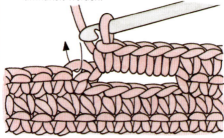

4 Weitere Reihen feste Maschen häkeln, bis die Knopflochblende ebenso breit ist wie die Knopfleiste.

Siehe auch: **Grundtechniken (Seite 12)**

Knopflöcher und Knopfschlaufen 105

KNOPFSCHLAUFEN

Als Grundlage für eine Blende mit Knopfschlaufen häkeln Sie von der rechten Seite der Arbeit 1 Reihe gleichmäßig verteilter fester Maschen über die Kante des Kleidungsstücks. Arbeiten Sie weitere Reihen aus festen Maschen, bis die Blende die gewünschte Breite hat; mit einer Rückreihe enden. Blenden mit Knopfschlaufen sind normalerweise schmaler als solche mit Knopflöchern.

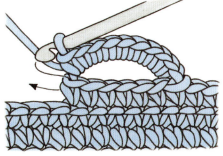

3 Die Luftmaschenschlaufe dicht an dicht mit festen Maschen umhäkeln, bis sie vollständig bedeckt ist.

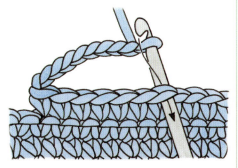

1 Feste Maschen häkeln bis zur Stelle für die 1. Knopfschlaufe, dann einige weitere feste Maschen arbeiten. Eine Luftmaschenkette häkeln, die der Knopfgröße entspricht, und nach rechts legen. Die Häkelnadel aus der Arbeitsschlinge ziehen, in die feste Masche am gewünschten Endpunkt der Knopfschlaufe einstechen und die Arbeitsschlinge wieder aufnehmen.

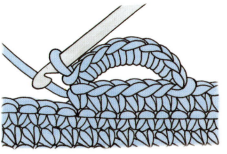

4 Die Häkelnadel in die letzte feste Masche vor Beginn der Luftmaschenkette einstechen und 1 Kettmasche häkeln. Auf diese Weise die Reihe entlang weiterhäkeln, bis alle Knopfschlaufen fertig sind.

2 Den Faden holen und die Knopfschlaufe mit einer Kettmasche an der Reihe aus festen Maschen anhäkeln.

TIPP

Vergessen sie nicht, zuerst alle Knöpfe in gleichmäßigen Abständen auf der Knopfleiste zu verteilen und dann die entsprechenden Stellen für die Knopflöcher oder -schlaufen auf der gegenüberliegenden Blende zu markieren.

BORTEN UND FRANSEN

Borten und Tressen sind Häkelstreifen, die als Verzierung an andere Häkelteile oder an gewebte Stoffe angenäht werden können. Sie lassen sich sogar mit Fransen häkeln.

TRESSEN

Tressen oder Litzen sind schmale Borten, bei denen üblicherweise beide Kanten dekorativ geformt sind. Manche Tressen können mehrfarbig gearbeitet werden. Wenn sie aus feiner Baumwolle, Baumwollmischgarnen oder Metallicgarnen mit einer dünnen Häkelnadel gehäkelt werden, wirken sie wie gekaufte Tressen, mit denen sich Wohnaccessoires wie Lampenschirme, Kissenhüllen und stoffbezogene Schachteln und Körbe dekorieren lassen. Nähen Sie eine Tresse mit farblich passendem Nähgarn und winzigen Stichen über die Mitte oder entlang beider Kanten auf. Mit einem geeigneten Textilkleber können Sie Tressen auch an Körben oder Schachteln anbringen.

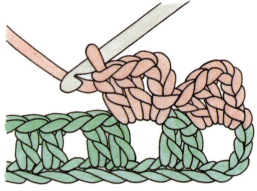

2 Fantasievolle zwei- oder mehrfarbige Tressenmuster basieren normalerweise auf einer einfarbigen Grundreihe, die in einer Kontrastfarbe behäkelt wird. Die 1. Reihe mit dem kontrastfarbenen Garn über die Oberkante der Grundreihe gegenüber der Anschlagkette häkeln.

TRESSEN HÄKELN

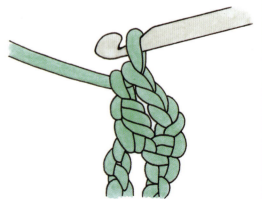

1 Viele Tressen werden quer über wenige Maschen gearbeitet. Dazu in hin- und hergehenden Reihen häkeln und die Musterreihe(n) bis zur gewünschten Länge stets wiederholen. Dann den Faden abschneiden und sichern.

3 Den kontrastfarbenen Faden abschneiden und an der anderen Seite der Grundreihe anschlingen. Dann diese Seite passend zur 1. Seite behäkeln.

MUSTER SAMMLUNG

ZEICHENERKLÄRUNG

Grundreihe **GR**

Luftmasche ○

Kettmasche ·

feste Masche +

Stäbchen

Faden abschneiden ◀

Neue Farbe ◁ anschlingen

Borten und Fransen 107

KAROTRESSE (QUER GEHÄKELT)

Anfangsring: 7 Lftm anschl und mit 1 Kett-M zum Ring schließen.

Grundreihe: 3 Lftm, 3 Stb in den Ring, 3 Lftm, 1 fM in den Ring, wenden.

1. Reihe: 3 Lftm, 3 Stb um den 3-Lftm-Bg, 3 Lftm, 1 fM um denselben 3-Lftm-Bg, wenden.

Die 1. R stets wdh.

ZWEIFARBIGE TRESSE (LÄNGS GEHÄKELT)

Garn: 2 Farben (A und B)

Lftm-Zahl (Fb A) teilbar durch 3.

Grundreihe: 1 Stb in die 6. Lftm von der Häkel-Nd aus, 1 Stb in die folg Lftm, * 1 Lftm, die folg Lftm übg, je 1 Stb in die folg 2 Lftm; ab * fortlfd wdh, enden mit 1 Lftm, die folg Lftm übg, 1 Stb in die letzte Lftm. Fb A abschneiden.

Fb B an der vorletzten der am R-Beginn übergangenen Lftm anschlingen.

2. Reihe: 1 Lftm, 1 fM um den ersten 1-Lftm-Bg, 3 Lftm, 2 Stb um denselben Lftm-Bg, * [1 fM, 3 Lftm, 1 fM] um den folg 1-Lftm-Bg; ab * fortlfd wdh, enden mit 1 fM in das letzte Stb. Fb B abschneiden.

Fb B auf der anderen Seite an der Anschlagkette vor dem 1. Stb anschlingen.

3. Reihe: 1 Lftm, 1 fM um den ersten 1-Lftm-Bg, 3 Lftm, 2 Stb um denselben Lftm-Bg, * [1 fM, 3 Lftm, 1 fM] um den folg 1-Lftm-Bg; ab * fortlfd wdh, enden mit 1 fM in die 2. Lftm des letzten Lftm-Bg.

Faden abschneiden und sichern.

RANDBORTEN

Randborten haben meist eine gerade und eine dekorativ geformte Kante. Sie können in kurzen Reihen quer oder in langen Reihen längs gehäkelt werden. Im letzteren Fall empfiehlt es sich, deutlich mehr Luftmaschen anzuschlagen, als voraussichtlich für die Borte benötigt werden, und gegebenenfalls nicht benötigte Luftmaschen aufzutrennen, wenn die Borte fertig ist.

LUFTMASCHENANSCHLAG MIT SICHERHEITSRESERVE

1 Die Luftmaschenkette anschlagen und die für die gewünschte Bortenlänge erforderliche Zahl von Musterrapporten häkeln. Dann die Arbeit wenden und im Muster weiterhäkeln; die zusätzlichen Luftmaschen bleiben unbehäkelt.

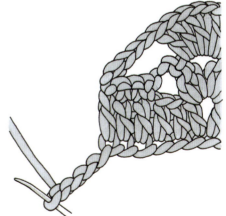

2 Wenn die Borte fertig ist, das Knötchen am Ende der nicht behäkelten Luftmaschen abschneiden und die Luftmaschen bis zum Rand der Borte auftrennen. Das Fadenende auf der linken Seite der Arbeit vernähen.

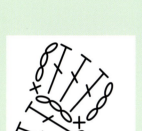

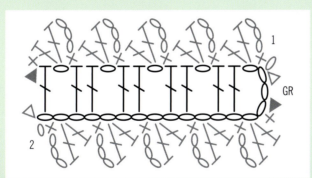

Karotresse

Zweifarbige Tresse

MUSTER SAMMLUNG

MUSCHELBORTE

Lftm-Zahl teilbar durch 10 + 3 Lftm.

Grundreihe (Hin-R). 1 Stb in die 4. Lftm von der Häkel-Nd aus, je 1 Stb in jede Lftm bis R-Ende.

1. Reihe: 1 Lftm, je 1 fM in die ersten 3 Stb, * 2 Lftm, die nächsten 2 Stb übergehen, 2 x [2 Stb, 2 Lftm], in das nächste Stb, die nächsten 2 Stb übergehen, je 1 fM in die nächsten 5 Stb; ab * fortlfd wdh, am Ende des letzten Rapports 2 fM weglassen und die letzte fM in oberste der am R-Beginn übergangenen 3 Lftm arb, wenden.

2. Reihe: 3 Lftm, je 1 fM in die ersten 2 fM, * 3 Lftm, den nächsten 2-Lftm-Bg übergehen, [3 Stb, 2 Lftm, 3 Stb] um den nächsten 2-Lftm-Bg, 3 Lftm, die nächste fM übergehen, je 1 fM in die nächsten 3 fM; ab * fortlfd wdh, am R-Ende 1 fM am Ende des letzten Rapports weglassen.

Faden abschneiden und sichern.

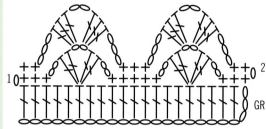

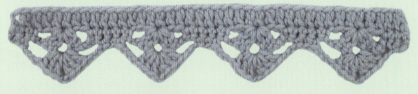

BREITE FILETBORTE (QUER GEHÄKELT)

20 Lftm anschl.

Grundreihe (Hin-R): 1 Stb in die 4 Lftm von der Häkel-Nd aus, je 1 Stb in die nächsten 2 Lftm, * 1 Lftm, die nächste Lftm übergehen, 1 Stb in die nächste Lftm; ab * fortlfd wdh bis R-Ende, wenden.

1. Reihe: 7 Lftm, 1 Stb in das 1. Stb, 7 x [1 Lftm, 1 Stb in das nächste Stb], je 1 Stb in die nächsten 2 Stb, 1 Stb in die oberste der am R-Beginn übergangenen 3 Lftm, wenden.

2. Reihe: 3 Lftm (für 1 Stb), je 1 Stb in die nächsten 3 Stb, * 1 Lftm, 1 Stb in das nächste Stb; ab * fortlfd wdh bis R-Ende, wenden.

3. Reihe: 7 Lftm, 1 Stb in das 1. Stb, 7 x [1 Lftm, 1 Stb in das nächste Stb], je 1 Stb in die nächsten 2 Stb, 1 Stb in die oberste der 3 Wende-Lftm, wenden.

Die 2. und 3. R stets wdh; enden mit einer 3. R.

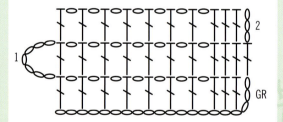

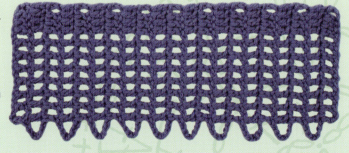

ZEICHENERKLÄRUNG

Grundreihe **GR**

Luftmasche o

feste Masche +

Stäbchen

Borten und Fransen

FRANSEN

Statt üblicher Fransen aus Garnfäden, wie man sie beispielsweise in Schals einknüpft, können Sie auch Fransen häkeln. Bei der Schlingenborte bestehen die Fransen aus Luftmaschenketten, bei den Korkenzieherfransen sind sie Streifen aus festen Maschen, die so gearbeitet sind, dass sie sich spiralförmig einrollen.

SCHLINGENBORTE

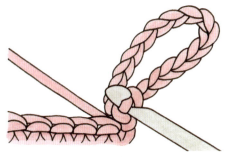

In der Schlingenreihe 15 Lftm häkeln und das Ende dieser Luftmaschenkette mit 1 Kettmasche in dieselbe Einstichstelle wie die vorhergehende feste Masche fixieren.

KORKENZIEHERFRANSEN

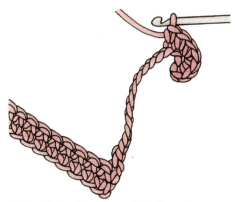

Für die Korkenzieherformen 15 Luftmaschen häkeln und die Arbeit wenden. Je 2 feste Maschen in die 2. Luftmasche von der Häkelnadel aus und in jede folgende Luftmasche häkeln.

MUSTER SAMMLUNG

SCHLINGENBORTE (LÄNGS GEARBEITET)

Eine Luftmaschenkette in der gewünschten Länge anschlagen.

1. Reihe: 1 fM in die 2. Lftm von der Häkel-Nd aus, je 1 fM in jede fM bis R-Ende, wenden.

2. Reihe: 1 Lftm, je 1 fM in jede fM der Vor-R, wenden.

3. Reihe: 1 Lftm, 1 fM in die 1. fM; * 1 fM in die nächste fM, 15 Lftm, 1 Kett-M in dieselbe Einstichstelle wie die eben gearbeitete fM; ab * fortlfd wdh bis R-Ende.

Faden abschneiden und sichern.

KORKENZIEHERFRANSEN (LÄNGS GEARBEITET)

Eine Luftmaschenkette in der gewünschten Länge anschlagen.

1. Reihe: 1 fM in die 2. Lftm von der Häkel-Nd aus, je 1 fM in jede Lftm bis R-Ende, wenden.

2. Reihe: 1 Lftm, je 1 fM in jede fM bis R-Ende, wenden.

3. Reihe: 1 Lftm, 1 fM in die 1. fM, * 1 fM in die folg fM, 15 Lftm, wenden, über die Lftm-Kette zurückhäkeln, die 1. fM übg, 2 fM in jede folg fM, 1 Kett-M in die Einstichstelle der fM vor den 15 Lftm; ab * wdh.

Faden abschneiden und sichern.

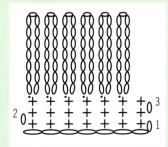
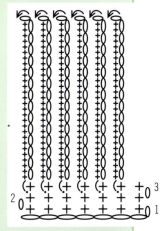

ZEICHENERKLÄRUNG

Symbol	Bedeutung
o	Luftmasche
+	feste Masche
.	Kettmasche
(	Kettmasche in die feste Masche darunter
↶	Arbeit wenden und über die Luftmaschenkette zurückhäkeln

Schlingenborte

Korkenzieherfransen

HÄKELN AUF HÄKELGRUND

Wie der Begriff schon sagt, wird bei dieser Technik die Oberfläche von Häkelarbeiten zusätzlich behäkelt. Man kann auf einem Grund von festen Maschen häkeln, doch kommen die Linien aufgehäkelter Kettmaschen bei einem Filetgrund am besten zur Geltung.

Den Filetgrund sollten Sie aus glattem Garn häkeln, dann können Sie in dieser einfachen, aber effektvollen Technik Reihen in kontrastierenden Farben und Strukturen aufhäkeln.

KETTMASCHEN AUFHÄKELN

Zum Aufhäkeln von Kettmaschen eignen sich Effektgarne gut.

Eine Kombination aus glattem Garn und Metallicgarn wirkt interessant.

Siehe auch: Filet- und Spitzenmuster (Seite 50)

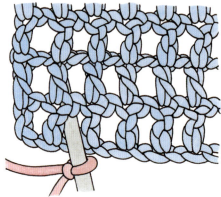

1 Auf Filetgrund arbeiten. 1 Anfangsschlinge aus dem kontrastierenden Garn auf die Häkelnadel legen. Die Nadel durch 1 leeres Kästchen an der Unterkante des Filetgrundes einstechen.

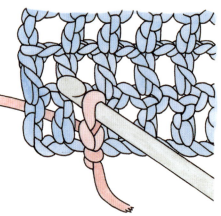

2 Den kontrastierenden Faden hinter dem Filetgrund halten, eine Schlinge des Fadens durch das Gitter und durch die Schlinge auf der Häkelnadel ziehen (= 1 Kettmasche). Auf diese Weise weiterarbeiten und 1 Kettmasche in jedes Loch des Filetgrundes häkeln.

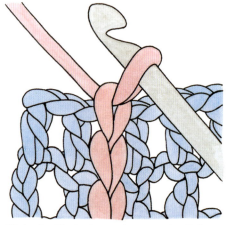

3 An der Oberkante angekommen, den Faden abschneiden und durch die letzte Masche ziehen, um ihn zu sichern.

TIPP

Außer den beiden hier gezeigten Untergründen können Sie auch andere Häkelmuster für diese Technik verwenden, beispielsweise einen Untergrund aus festen Maschen oder halben Stäbchen, doch sollten die Maschen des Untergrundes nicht zu dicht gearbeitet sein.

MUSTER SAMMLUNG

FILETGRUND

Den Untergrund in Filettechnik häkeln, wie auf Seite 50 beschrieben. Dann Streifen aus vertikalen Kettmaschenreihen aufhäkeln. Dieses Filetmuster hat ziemlich große Löcher, deshalb empfiehlt es sich, für die Kettmaschen ein dickeres Garn als für den Hintergrund zu verwenden.

KLEINER GITTERGRUND

Dieser Untergrund hat viel kleinere Löchlein als der links gezeigte Filetgrund. Sie können darauf Kettmaschen in Reihen häkeln, doch bietet sich das kleinere Gittermuster auch für Experimente mit freien Mustern aller Art an, wie unten abgebildet.

Lftm-Zahl teilbar durch 2.

Grundreihe (Hin-R): 1 fM in die 2. Lftm von der Häkel-Nd aus, * 1 Lftm, die nächste Lftm übergehen, 1 fM in die nächste Lftm; ab * fortlfd wdh bis R-Ende.

1. Reihe: 1 Lftm, 1 fM in die 1. fM, * 1 Lftm, 1 fM in die nächste fM; ab * fortlfd wdh bis R-Ende, wenden. Die 1. R stets wdh.

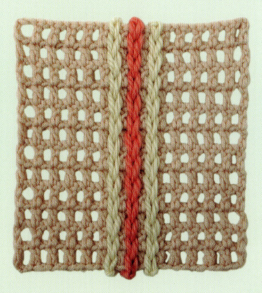

ZEICHENERKLÄRUNG

Grundreihe **GR**

Luftmasche o

feste Masche +

Stäbchen ┼

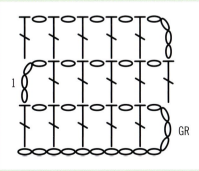

PERLHÄKELEI

Perlen können bereits während der Arbeit eingehäkelt werden. Sie kommen auf einem Hintergrund aus festen Maschen besonders gut zur Geltung und setzen auf Häkelmodellen farbig glitzernde Akzente.

Bevor Sie zu häkeln beginnen, müssen Sie alle Perlen auf den Garnknäuel auffädeln. Wenn Sie für ein Modell mehrere Knäuel brauchen, steht normalerweise in der Anleitung, wie viele Perlen Sie auf jeden Knäuel auffädeln müssen. Wählen Sie die Perlen so, dass ihre Lochgröße zur Garnstärke passt, also normalerweise kleine Perlen für feine Garne und größere Perlen für voluminöse Garne. Sollen Perlen unterschiedlicher Farben in einem bestimmten Muster angeordnet werden, so müssen Sie daran denken, die Perlen in umgekehrter Reihenfolge aufzufädeln, damit sich das gewünschte Muster bildet. Perlen werden in Rückreihen eingehäkelt.

Wählen Sie die Perlen passend zum Garn.

Siehe auch: **Pailletten einhäkeln (Seite 114)**

PERLEN MIT FESTEN MASCHEN EINHÄKELN

1 In einer Rückreihe bis zur Position der 1. Perle häkeln. Die Perle auf dem Arbeitsfaden so weit zur Häkelnadel schieben, dass sie auf der rechten Seite der Arbeit (= der Ihnen abgewandten Seite) liegt.

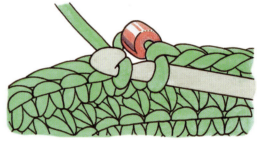

2 Die Perle in dieser Position halten, die Häkelnadel in die nächste Masche einstechen und den Faden durchholen (= 2 Schlingen auf der Häkelnadel).

3 Den Faden noch einmal holen und durch beide Schlingen ziehen, um die Masche zu vollenden. Auf diese Weise entlang der Reihe gemäß Anleitung weitere Perlen einhäkeln.

MUSTER
SAMMLUNG

ZEICHENERKLÄRUNG

Grundreihe **GR**

Luftmasche ◯

feste Masche ✚

feste Masche mit Perle ◆

VERSETZTE PERLEN

Bei diesem Muster werden Perlen in einer einzigen Farbe versetzt angeordnet.

Besondere Abkürzungen: PM = Perlmasche (feste Masche mit Perle).

Hinweis: Dieses Muster wird mit Perlen einer einzigen Farbe gehäkelt. Vor Arbeitsbeginn alle Perlen auf den Arbeitsfaden auffädeln.

Lftm-Zahl teilbar durch 6 + 3 Lftm.

Grundreihe (Hin-R): 1 fM in die 2. Lftm von der Häkel-Nd aus, je 1 fM in jede Lftm bis R-Ende, wenden.

1. und 2. Reihe: 1 Lftm, 1 fM in jede fM bis R-Ende, wenden.

3. Reihe (Rück-R mit Perlen): 1 Lftm, je 1 fM in die folg 4 fM, * 1 PM, je 1 fM in die folg 5 fM; ab * fortlfd wdh bis zu den letzten 5 M, 1 PM, je 1 fM in die folg 4 fM, wenden.

4., 5. und 6. Reihe: Wie die 1. R häkeln.

7. Reihe (Rück-R mit Perlen): 1 Lftm, 1 fM in die 1. fM, * 1 PM, je 1 fM in die folg 5 fM; ab * fortlfd wdh bis zu den letzten 2 M, 1 PM, 1 fM in die letzte fM, wenden.

8., 9. und 10. Reihe: Wie die 1. R häkeln.

Die 3.–10. R stets wdh; enden mit einer 5. R.

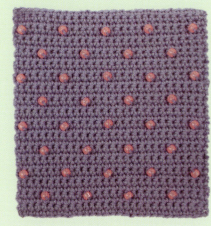

PERLEN ÜBER PERLEN

Wenn in jeder Rückreihe Perlen eingearbeitet werden, entsteht eine perlenübersäte Häkelarbeit, die sich gut für ein Abendtäschchen eignet.

Besondere Abkürzungen: PM = Perlmasche (feste Masche mit Perle).

Hinweis: Dieses Muster wird mit Perlen in vielen verschiedenen Farben gehäkelt, die willkürlich verteilt werden. Vor Arbeitsbeginn alle Perlen auf den Arbeitsfaden auffädeln.

Lftm-Zahl teilbar durch 4 + 3 Lftm.

Grundreihe (Hin-R): 1 fM in die 2. Lftm von der Häkel-Nd aus, 1 fM in jede folgende Lftm bis R-Ende, wenden.

1. Reihe (Rück-R mit Perlen): 1 Lftm, je 1 fM in die folg 2 fM, * 1 PM, je 1 fM in die folg 3 fM; ab * fortlfd wdh bis zu den letzten 4 fM, 1 PM, je 1 fM in die folg 3 fM, wenden.

2. Reihe: 1 Lftm, 1 fM in jede fM bis R-Ende, wenden.

3. und 4. Reihe: Wie die 1. und 2. R häkeln.

5. Reihe (Rück-R mit Perlen): 1 Lftm, je 1 fM in die folg 5 fM, * 1 PM, je 1 fM in die folg 3 fM; ab * fortlfd wdh bis zu den letzten 6 M, 1 PM, je 1 fM in die folg 5 fM, wenden.

6. Reihe: 1 Lftm, je 1 fM in jede fM bis R-Ende.

7. und 8. Reihe: Wie die 5. und 6. R häkeln.

Die 1.–8. R stets wdh; enden mit einer Rück-R.

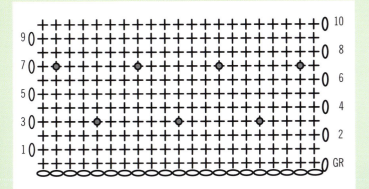

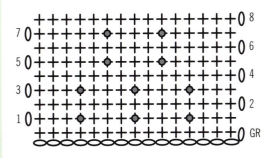

PAILLETTEN EINHÄKELN

Pailletten können wie Perlen in einen Hintergrund aus festen Maschen eingehäkelt werden. Am besten eignen sich flache oder schalenförmig gewölbte, runde Pailletten. Generell gilt, dass die Pailletten wie Perlen vor Arbeitsbeginn aufgefädelt werden müssen.

Wenn Sie schalenförmig gewölbte Pailletten verwenden, müssen Sie darauf achten, sie so aufzufädeln, dass die konvexe Unterseite jeder Paillette in der gleichen Richtung zum Knäuel hin weist. Nach dem Häkeln sollte die „Schale" von der Häkelarbeit weg zeigen, damit die Paillette besonders gut zur Geltung kommt und die Häkelarbeit nicht beschädigt.

PAILLETTEN MIT FESTEN MASCHEN EINHÄKELN

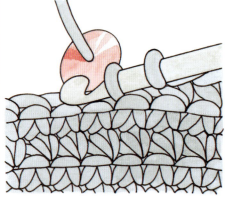

1 In einer Rückreihe bis zur Position für die 1. Paillette häkeln. Die nächste feste Masche arbeiten, bis 2 Schlingen auf der Häkelnadel liegen. Dann die Paillette in Richtung Nadel schieben, bis sie sauber auf der rechten Seite der Arbeit liegt. Wenn Sie schalenförmige Pailletten verwenden, muss die konvexe Seite (die Unterseite der Schale) zur Häkelarbeit hin weisen.

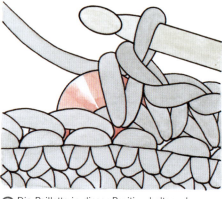

2 Die Paillette in dieser Position halten, den Faden holen und durchziehen, um die Masche zu vervollständigen. Weiter die Reihe entlang nach Anleitung Pailletten auf diese Weise einhäkeln.

Das Muster „Versetzte Perlen" (Seite 113), hier mit Pailletten anstelle der Perlen gearbeitet

Siehe auch: **Perlhäkelei (Seite 112)**

TIPP

Pailletten zum Einstricken haben größere Löcher als normale Pailletten und werden oft bereits auf einen doppelten, festen Faden aufgefädelt verkauft. Um die Pailletten zu verwenden, führen Sie den Arbeitsfaden durch die Schlinge des Paillettenfadens und schieben die Pailletten auf den Arbeitsfaden.

MUSTER SAMMLUNG

PAILLETTENSTREIFEN

Pailletten wirken oft am besten, wenn sie sparsam über ein Modell verteilt sind. Hier werden runde Pailletten in sauberen, vertikalen Reihen so angeordnet, dass sie einander berühren. Sie können Pailletten in einer Kontrastfarbe oder farblich auf den Hintergrund abgestimmt wählen.

Besondere Abkürzungen: PaiM = Paillettenmasche (feste Masche mit Paillette)

Hinweis: Dieses Muster wird mit Pailletten einer einzigen Farbe gehäkelt. Vor Arbeitsbeginn alle Pailletten auf den Arbeitsfaden auffädeln.

Lftm-Zahl teilbar durch 6 + 3 Lftm.

Grundreihe (Hin-R): 1 fM in die 2. Lftm von der Häkel-Nd aus, je 1 fM in jede folgende Lftm bis R-Ende, wenden.

1. und 2. Reihe: 1 Lftm, je 1 fM in jede fM der Vor-R, wenden.

3. Reihe (Rück-R mit Pailletten): 1 Lftm, je 1 fM in die nächsten 3 fM, * 1 PaiM, je 1 fM in die nächsten 5 fM; ab * fortlfd wdh bis zu den letzten 5 M, 1 PaiM, je 1 fM in die nächsten 4 fM, wenden.

4. Reihe: 1 Lftm, je 1 fM in jede fM der Vor-R, wenden.

Die 3. und 4. R stets wdh, enden mit einer 4. R.

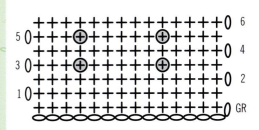

ZEICHENERKLÄRUNG

Grundreihe **GR**

Luftmasche

feste Masche

feste Masche mit Paillette

3. Kapitel
PROJEKTE

In diesem Kapitel erfahren Sie, wie Sie mit den Fertigkeiten, die Sie in den beiden vorangegangenen Kapiteln erworben haben, verschiedene modische Projekte anfertigen können. Ob Sie erst einmal ein kleines Accessoire wie einen hübschen Schal oder eine Tasche mit Blütendekor häkeln oder sich gleich an ein anspruchsvolleres Modell wagen wollen – hier finden Sie das Richtige für jeden Geschmack.

Projekt 1 / Schal

Ein Schal ist das ideale Projekt für Häkeleinsteiger. Er erfordert keine komplizierte Formgebung, ist so schmal, dass man ihn geradezu wachsen sieht, und lässt sich in vielen Mustern aus der Mustersammlung in diesem Buch arbeiten. Der links abgebildete Schal wurde im Fächermuster (Seite 52) aus reinem Wollgarn gehäkelt.

MATERIAL
- 100 g Jaeger Matchmaker Merino DK (100 % Merinowolle; LL 120 m/50 g) in Pink (Fb 896)
- Häkelnadeln Nr. 4 und 4,5
- Wollnadel

MASCHENPROBE
1 kompletter Mustersatz ist nach dem Spannen 6 cm breit und 3 cm hoch.

GRÖSSE
18 x 117 cm (nach dem Spannen)

HÄKELN
Lftm-Zahl für das Fächermuster teilbar durch 12 + 3 Lftm. Der links abgebildete Schal wurde über eine Anschlagkette aus 39 Luftmaschen (12 x 3 + 3) gearbeitet.
39 Lftm mit der Häkel-Nd Nr. 4,5 anschl. Zur Häkel-Nd Nr. 4 wechseln und ca. 117 cm im Fächermuster häkeln; enden mit einer 4. R.

FERTIGSTELLUNG
Alle Fadenenden vernähen. Den Schal spannen (siehe Seite 26), anfeuchten und trocknen lassen.

ANDERE MUSTER

Jedes Häkelmuster erfordert eine bestimmte Maschenzahl, damit das Muster genau aufgeht. Wenn Sie für diesen Schal ein anderes Muster verwenden wollen, schlagen Sie einfach eine entsprechende Maschenzahl an und häkeln einen Streifen in der gewünschten Länge.

FILETMUSTER

(siehe Seite 51)

Dieses Muster ist ganz einfach zu häkeln und fällt gut. Es erfordert eine gerade, also durch 2 teilbare Maschenzahl. Die Arbeitsprobe rechts oben wurde über eine Anschlagkette von 36 Luftmaschen gehäkelt.

MUSCHELGITTER

(siehe Seite 52)

Das hübsche Muster eignet sich gut für einen Schal aus Ombré-Garn. Es erfordert eine durch 12 teilbare Maschenzahl + 3 Maschen. Die Arbeitsprobe wurde über 39 Luftmaschen gehäkelt. Die Maschenzahl ist zwar dieselbe wie beim Schal auf Seite 118, doch ist die Arbeitsprobe wegen des unterschiedlichen Musteraufbaus schmaler.

DREIFALTIGKEITSMUSTER

(siehe Seite 39)

Dieses Muster ergibt eine dichtere, schwerere Arbeitsprobe als die beiden vorhergehenden Beispiele. Ein Schal in diesem Muster würde deshalb besser wärmen als einer mit Spitzenmuster. Für das Muster muss die Maschenzahl durch 2 teilbar sein. Die Arbeitsprobe wurde über eine Anschlagkette von 34 Luftmaschen gehäkelt.

WELLENMUSTER

(siehe Seite 60)

Alle Zacken- und Wellenmuster auf Seite 58–61 lassen sich für attraktive Schals verwenden – egal, ob man sie einfarbig oder in verschiedenen harmonierenden oder kontrastierenden Farben gestreift häkelt. Das Wellenmuster erfordert eine durch 14 teilbare Maschenzahl + 3 Maschen. Die Arbeitsprobe wurde über eine Anschlagkette von 45 Luftmaschen gehäkelt.

TIPP

Verwenden Sie für einen Schal ein weiches Garn, das auf der Haut nicht kratzt, beispielsweise reine Merinowolle oder ein Mischgarn aus Wolle und Synthetikfasern.

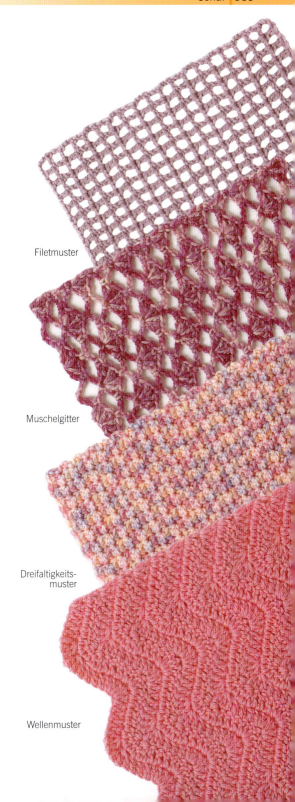

Filetmuster

Muschelgitter

Dreifaltigkeitsmuster

Wellenmuster

Projekt 2 / Babydecke

Eine Decke ist immer ein willkommenes Geschenk für ein neugeborenes Baby. Diese hier ist verhältnismäßig klein, lässt sich aber beliebig vergrößern, indem Sie weitere Quadratmotive hinzufügen, bevor Sie die Umrandung häkeln. Bedenken Sie aber, dass Sie dann auch mehr Garn brauchen, als unten angegeben.

MATERIAL
- Jaeger Baby Merino DK (100 % Merinowolle; LL 120 m/50 g) in folgenden Mengen und Farben: 50 g in Hellgrün (Fb 223), je 100 g in Weiß (Fb 202) und Hellgelb (Fb 205)
- Häkelnadeln Nr. 3,5 und 4
- Wollnadel

Die Babydecke wird aus einzeln gehäkelten Quadratmotiven zusammengesetzt und lässt sich daher problemlos vergrößern.

MASCHENPROBE
1 Quadratmotiv = 14 x 14 cm (nach dem Spannen)

GRÖSSE
48 x 72 cm (einschließlich Umrandung)

MOTIVE HÄKELN
Nach der Anleitung für das Blütenquadrat (Seite 80) insgesamt 15 Einzelquadrate häkeln wie folgt: 8 Motive A (Weiß = Fb A, Hellgrün = Fb B, Hellgelb = Fb C) und 7 Motive B (Hellgelb = Fb A, Hellgrün = Fb B, Weiß = Fb C).

MOTIVE ZUSAMMENSETZEN
Alle Fadenenden vernähen. Jedes Motiv spannen (siehe Seite 26), anfeuchten und

A	B	A	B	A
B	A	B	A	B
A	B	A	B	A

trocknen lassen. Die Motive gemäß Schemazeichnung anordnen und mit farblich passendem Garn zusammennähen.

UMRANDUNG HÄKELN

Mit der Häkel-Nd Nr. 3,5 den hellgelben Faden an einer fM am Rand der Decke anschlingen.

1. Runde: 3 Lftm, je 1 Stb in jede fM rund um die Decke, jeweils 5 Stb in die mittlere der 3 fM in jeder Ecke, die Rd schließen mit 1 Kett-M in die 3. der 3 Anfangs-Lftm. Den hellgelben Faden abschneiden und an seiner Stelle den weißen Faden anschlingen.

2. Runde: 3 Lftm, je 1 Stb in jedes Stb der Vor-Rd, je 5 Stb in das mittlere der 5 Stb in jeder Ecke, die Rd schließen mit 1 Kett-M in die 3. der 3 Anfangs-Lftm.
Den weißen Faden abschneiden und an seiner Stelle den hellgrünen Faden anschlingen.

3. Runde: 1 Lftm, 1 fM in dieselbe Einstichstelle wie die Kett-M am Ende der Vor-Rd, je 1 fM in jedes Stb der Vor-Rd, je 3 fM in das mittlere der 5 Stb in jeder Ecke, die Rd schließen mit 1 Kett-M in die 1. fM. Faden abschneiden und sichern.

FERTIGSTELLUNG

Die Umrandung leicht mit dem warmen Bügeleisen von der linken Seite bügeln oder die gesamte Decke noch einmal spannen.

Projekt 3 / Stola in Filethäkelei

In der Filettechnik lassen sich herrlich spitzenartige Accessoires arbeiten. Diese Stola wird quer über die Breite gehäkelt. Beide Enden ziert eine reizende Bordüre aus winzigen Blüten, die auch beim Mittelteil hier und da eingestreut auftauchen.

MATERIAL
- 400 g Jaeger Matchmaker Merino DK (100 % Merinowolle; LL 120 m/50 g) in Violett (Fb 897)
- Häkelnadeln Nr. 4 und 4,5
- Wollnadel

MASCHENPROBE
8 x 8 Filetkaros = 10 x 10 cm

GRÖSSE
Ca. 58 x 170 cm

HÄKELN
146 Lftm mit Häkel-Nd Nr. 5 anschl.

Zu Häkel-Nd Nr. 4 wechseln und nach der Anleitung für die Filethäkelei (Seite 54) 2 R leere Kästchen häkeln.

Filetarbeiten erinnern an zarte Spitze, deshalb eignet sich diese Technik gut für Abendkleidung.

Anschließend die Bordüre nach dem Zählmuster häkeln, dabei wie gezeichnet beginnen, den rot umrandeten Rapport 6 x wdh und wie gezeichnet enden. An der rechten unteren Ecke des großen Zählmusters beginnen, von unten nach oben arbeiten und die Hinreihen (ungerade Nummern) von rechts nach links, die Rückreihen (gerade Nummern) von links nach rechts lesen.

Am Ende des Zählmusters für die Bordüre angekommen, im Filetmuster weiterhäkeln, dabei von Zeit zu Zeit ein Blütenmotiv nach dem kleinen Zählmuster einhäkeln. Bei einer Gesamthöhe von 157,5 cm nach einer Rück-R die Bordüre noch 1 x wdh. Zuletzt 2 R leere Kästchen häkeln.

FERTIGSTELLUNG

Alle Fadenenden vernähen. Die Stola spannen (siehe Seite 26), anfeuchten und trocknen lassen oder mit einem lauwarmen Bügeleisen leicht von links bügeln.

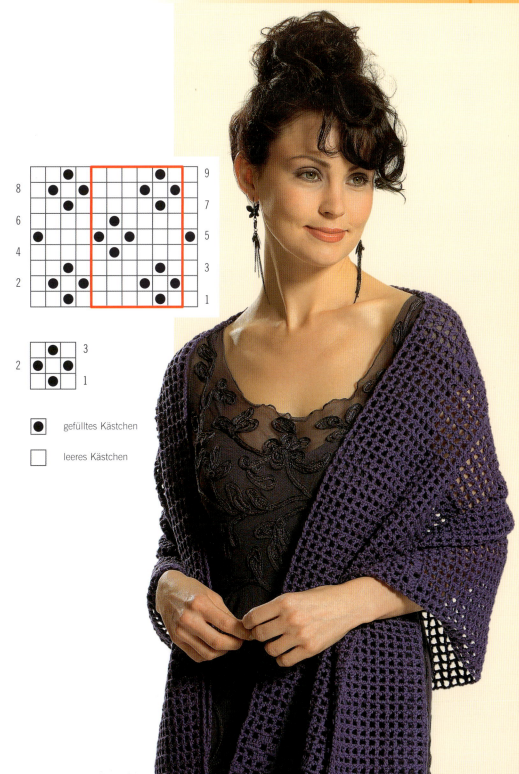

Projekt 4 / Tasche mit Knopflochgriff

Blüten in leuchtenden Farben und grüne Blätter zieren eine schlichte Tasche mit Knopflochgriff, in der Geldbeutel, Schlüssel, Handy und allerlei Krimskrams Platz finden. Die Tasche sieht auch mit anderen Verzierungen toll aus und kann einfarbig oder in Streifen gehäkelt werden.

MATERIAL
- 200 g Baumwollgarn (LL 120 m/50 g) in einer neutralen Farbe (Fb A)
- Reste derselben Qualität in Rot, Gelb und Grün (Fb B, C und D)
- Häkelnadeln Nr. 4, 6 und 6,5
- Wollnadel

GRÖSSE
27 x 25 cm

MASCHENPROBE
14 fM und 17 R, zweifädig mit Häkel-Nd Nr. 6 gehäkelt = 10 x 10 cm

Die Dekorationen werden aufgenäht: So können Sie selbst entscheiden, wie schlicht oder üppig Ihre Tasche verziert sein soll.

TASCHENVORDERSEITE
Das Garn in Fb A durchweg zweifädig verwenden. 37 Lftm mit Häkel-Nd Nr. 6,5 anschl. Zu Häkel-Nd Nr. 6 wechseln.

Grundreihe (Hin-R): 1 fM in die 2. Lftm von der Häkel-Nd aus, je 1 fM in jede folgende fM bis R-Ende, wenden.

1. Reihe: 1 Lftm, je 1 fM in jede fM der Vor-R, wenden (= 36 fM).

Die 1. R 31 x wdh, enden mit einer Hin-R.

KNOPFLOCH-EINGRIFF
1. Reihe (Rück-R): 1 Lftm, je 1 fM in die folgenden 12 fM, 12 Lftm, die nächsten 12 Lftm übergehen, je 1 fM in die nächsten 12 fM, wenden.

2. Reihe: 1 Lftm, je 1 fM in die nächsten 12 fM, je 1 fM in die nächsten 12 Lftm, die nächsten 12 fM übergehen, je 1 fM in die nächsten 12 fM, wenden (= 36 fM).

GRIFF

1. Reihe: 1 Lftm, je 1 fM in jede fM der Vor-R, wenden.
Die 1. R 3 x wdh, enden mit einer Hin-R. Faden abschneiden und sichern.

TASCHENRÜCKSEITE

Wie die Taschenvorderseite häkeln.

BLÜTEN UND BLÄTTER

Mit Häkel-Nd Nr. 4 nach der Anleitung für die Rüschenblüte (Seite 101) 3 Blüten in Rot (Fb B) und Gelb (Fb C) arb.
Mit Häkel-Nd Nr. 4 und grünem Garn (Fb D) 2 kurze Bänder aus fM nach der Anleitung auf Seite 97 häkeln.

FERTIGSTELLUNG

Die beiden Taschenteile leicht von links bügeln (siehe Seite 26). Die Fadenenden mit der Wollnadel auf der linken Seite der Arbeit vernähen (siehe Seite 23). Die Blüten und Blätter auf der Taschenvorderseite anordnen (siehe Foto) und feststecken. Die Blüten sollten jeweils 1 Ende der Blätter überlappen. Alle Teile mit einigen unsichtbaren Stichen in die Lftm hinter den Blütenblättern bzw. längs der Blattmitte aufnähen.
Die beiden Taschenteile rechts auf rechts aufeinanderlegen und rundum feststecken. Mit Garn in Fb A und der Wollnadel Seitennähte und Bodennaht schließen und die Tasche auf rechts wenden.

TIPP

Das Garn in Farbe A wird bei diesem Modell durchweg mit doppeltem Faden verhäkelt, die Farben B, C und D werden jedoch einfädig verwendet. Achten Sie auf die unterschiedlichen Nadelstärken!

Projekt 5 / Topflappen in Intarsientechnik

Für diesen Topflappen in fantastischen Farben können Sie Reste von dickerem Baumwollgarn zusammen mit einem Knäuel der Grundfarbe aufbrauchen. Die Rückseite ist in der Grundfarbe in festen Maschen gehäkelt, doch Sie können sie nach Belieben ebenfalls in Intarsientechnik arbeiten.

MATERIAL
- 50 g Baumwollgarn (LL ca. 120 m/50 g) in Fb A
- Garnreste der gleichen Qualität in 4 harmonierenden Farben (Fb B, C, D und E)
- Häkelnadeln Nr. 4 und 4,5
- Wollnadel

MASCHENPROBE
17 fM und 21 R = 10 x 10 cm

GRÖSSE
Ca. 19 x 19 cm (einschließlich Umrandung, jedoch ohne Aufhänger)

HÄKELN

VORDERSEITE
31 Lftm mit Fb A und Häkel-Nd Nr. 4,5 anschl.

Zu Häkel-Nd Nr. 4 wechseln und nach der Anleitung für Intarsientechnik (Seite 68) und dem Zählmuster unten häkeln. In der rechten unteren Ecke beginnen, von unten nach oben arbeiten und die Hin-R (ungerade Nummern) von rechts nach links, die Rück-R (gerade Nummern) von links nach rechts lesen. Wenn die letzte R des Zählmusters gehäkelt ist, den Faden abschneiden und sichern.

RÜCKSEITE
31 Lftm mit Fb A und Häkel-Nd Nr. 4,5 anschl. Zu Häkel-Nd Nr. 4 wechseln.

Dies ist das ideale Projekt zum Aufbrauchen von allerlei Garnresten.

Fb A
Fb B
Fb C
Fb D
Fb E

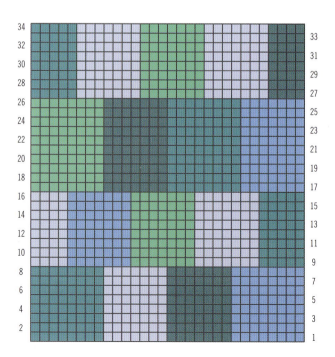

Grundreihe (Hin-R): 1 fM in die 2. Lftm von der Häkel-Nd aus, je 1 fM in jede folgende Lftm bis R-Ende, wenden (= 30 fM).
1. Reihe: 1 Lftm, je 1 fM in jede fM der Vor-R, wenden.
Die 1. R noch 32 x wdh, enden mit einer Rück-R.
Faden abschneiden und sichern.

FERTIGSTELLUNG

Alle Fadenenden vernähen (siehe Seite 23). Beide Teile auf die gleiche Größe spannen (siehe Seite 26), anfeuchten und trocknen lassen. Vorder- und Rückseitenteil links auf links aufeinanderlegen und von der Vorderseite her den Faden in Fb A mit 1 Kett-M in einer Ecke des Topflappens anschlingen.
1. Runde: 1 Lftm, 1 fM in dieselbe Einstichstelle wie die Kett-M, dann gleichmäßig verteilt fM durch beide Lagen hindurch rund um den Topflappen häkeln, dabei jeweils 3 fM in jede Ecke arb; die Rd schließen mit 1 Kett-M in die 1. fM.
2. Runde: Den Aufhänger arb (9 Lftm, die Häkel-Nd in die letzte M der Vor-Rd einstechen und 1 Kett-M arb), 1 Lftm, 15 fM um die Lftm-Schlinge, je 1 fM in jede fM der Vor-Rd, dabei jeweils 3 fM in die mittlere der 3 Eck-fM arb; die Rd schließen mit 1 Kett-M in die 1. fM der Aufhängeschlaufe.
Faden abschneiden, sichern und die Fadenenden vernähen.

Projekt 6 / Kissenhülle aus Sechsecken

An dieser Kissenhülle aus Häkelmotiven können Sie Ihre Fertigkeiten im Häkeln hervorragend unter Beweis stellen. Für dieses Modell erden 24 Sechsecke in harmonierenden Farbtönen zu einer rechteckigen Hülle verbunden. Sie können die Farben aus dem hier gezeigten Spektrum verwenden oder jedes Sechseck in einer anderen Farbe häkeln, um Ihren Restekorb zu leeren.

MATERIAL
- Wollgarn (LL 122 m/50 g; z.B. Jamieson's Shetland DK) in folgenden Mengen und Farben: je 50 g in Senf (Fb A), Bernstein (Fb B), Wollweiß (Fb C) und Zitrone (Fb G), je 100 g in Leinen (Fb D), Tundra (Fb E) und Muskat (Fb F)
- Häkelnadel Nr. 4
- Wollnadel
- Kissenfüllung, 40 x 50 cm

MASCHENPROBE
1 Motiv misst nach dem Spannen 13 cm von Seite zu Seite bzw. 14,5 cm von Ecke zu Ecke.

GRÖSSE
Passend für ein 40 x 50 cm großes Kissen.

MOTIVE HÄKELN
Nach der Anleitung für das Rad im Sechseck (Seite 86) je 3 Motive in Fb A, B, C und G sowie je 4 Motive in Fb D, E und F häkeln.

FERTIGSTELLUNG
Alle Fadenenden vernähen (siehe Seite 23). Jedes Motiv spannen (siehe Seite 26), anfeuchten und trocknen lassen. Die Motive gemäß Schemazeichnung auf Seite 128 anordnen und mit farblich passendem Garn

An den Sechseckmotiven für diese Kissenhülle können Sie zeigen, was Sie gelernt haben.

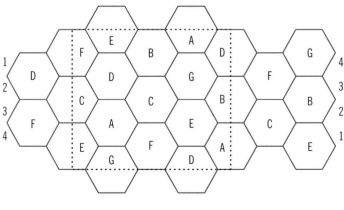

·········· Faltlinie

zusammennähen. Wenn alle Motive miteinander verbunden sind, die gesamte Arbeit an den in der Schemazeichnung markierten gestrichelten Linien nach hinten umfalten und einander gegenüberliegenden Motivkanten ebenfalls zusammennähen. Die Kanten 1, 2, 3 und 4 für die Öffnung auf der Rückseite noch nicht verbinden. Die Kissenhülle auf rechts wenden und das Kissen hineinschieben. Die Motivkanten an der Öffnung zusammenstecken und -nähen.

Projekt 7 / Gestreifter Beutel

Verhäkeln Sie Garnreste aller Art zu diesem pfiffigen Zugbeutel. Für das abgebildete Modell wurden unter anderem glänzendes Bändchengarn, Metallic- und Effektgarn sowie glattes Wollgarn verwendet. Sie können ganz nach Belieben das Garn am Ende jeder Runde wechseln oder mehrere Runden mit demselben Garn häkeln.

MATERIAL
- Eine Auswahl an Garnen in verschiedenen Farben und Strukturen, jedoch etwa derselben Stärke (LL ca. 120 m/50 g; für 1 Rd Stb an der breitesten Stelle des Beutels benötigen Sie ca. 320 cm Garn)
- Häkelnadeln Nr. 4 und 4,5
- Wollnadel

MASCHENPROBE
Eine exakte Maschenprobe ist für dieses Projekt nicht erforderlich.

GRÖSSE
Der abgebildete Beutel ist 33 cm hoch und hat an der breitesten Stelle einen Umfang von 52 cm. Die obere Öffnung hat einen Durchmesser von 33 cm.

HÄKELN
Mit Häkel-Nd Nr. 4 die ersten 4 Rd in Stb von innen nach außen häkeln, wie beim Kreismotiv aus Stäbchen (Seite 75) beschrieben.

Weiterhäkeln wie folgt und dabei die Fb nach Belieben wechseln:

5. Runde: Wie die 4. Rd häkeln, jedoch zwischen den Zun jeweils 3 Stb häkeln (= 80 M).

6. Runde: 3 Lftm, je 1 Stb in die nächsten 2 Stb, * 2 Stb in das nächste Stb, je 1 Stb in die nächsten 4 Stb; ab * fortlfd wdh bis zu den letzten 2 Stb, 2 Stb in das nächste Stb, 1 Stb in das letzte Stb, die Rd schließen mit 1 Kett-M in die 3. der 3 Anfangs-Lftm (= 96 M).

7. Runde: 1 Lftm, 1 fM in das 1. Stb, 1 fM in jedes folgende Stb der Vor-Rd, die Rd schließen mit 1 Kett-M in die 1. fM.

8., 9. und 10. Runde: 1 Lftm, 1 fM in die 1. fM, 1 fM in jede folgende fM der Vor-Rd; die Rd schließen mit 1 Kett-M in die 1. fM.

11. Runde: 3 Lftm, die 1. fM übergehen, 1 Stb in jede fM der Vor-Rd, die Rd schließen mit 1 Kett-M in die 3. der 3 Anfangs-Lftm.

12. Runde: 3 Lftm, das 1. Stb übergehen, 1 Stb in jedes Stb der Vor-Rd, die Rd schließen mit 1 Kett-M in die 3. der 3 Anfangs-Lftm.

Lassen Sie Ihrer Fantasie freien Lauf, damit Ihr Beutel ein unverwechselbares Original wird.

Gestreifter Beutel | 131

Auf diese Weise ohne Zun weiterhäkeln und dabei fM oder Stb arb wie folgt:

13., 15., 16., 17., 18., 22. und 23. Runde: Stb häkeln.

14., 19., 20. und 21. Runde: fM häkeln.

24. Runde: 3 Lftm, je 1 Stb in die nächsten 2 Stb, * 2 Stb zus abm, je 1 Stb in die nächsten 4 Stb; ab * fortlfd wdh bis zu den letzten 3 M, 2 Stb zus abm, 1 Stb in das letzte Stb, die Rd schließen mit 1 Kett-M in die 3. der 3 Anfangs-Lftm (= 80 M).

25., 26. und 27. Runde: Stb häkeln.

28. Runde: 3 Lftm, 1 Stb in das nächste Stb, * 2 Stb zus abm, je 1 Stb in die nächsten 3 Stb; ab * fortlfd wdh bis zu den letzten 3 Stb, 2 Stb zus abm, 1 Stb in das letzte Stb, die Rd schließen mit 1 Kett-M in die 3. der 3 Anfangs-Lftm (= 64 M).

29., 30., 31. und 32. Runde: Stb häkeln.

33. Runde: 3 Lftm, je 1 Stb in die nächsten 3 Stb, * 2 Lftm, die nächsten 2 Stb übergehen, je 1 Stb in die nächsten 6 Stb; ab * fortlfd wdh bis zu den letzten 4 M, 2 Lftm, die nächsten 2 Stb übergehen, je 1 Stb in die letzten 2 Stb, die Rd schließen mit 1 Kett-M in die 3. der 3 Anfangs-Lftm.

34. Runde: 1 Lftm, 1 fM in das 1. Stb, * je 1 fM in die nächsten 2 Lftm, je 1 fM in die nächsten 6 Stb; ab * fortlfd wdh bis zum letzten 2-Lftm-Bg, je 1 fM in die nächsten 2 Lftm, je 1 fM in die nächsten 2 Stb, die Rd schließen mit 1 Kett-M in die 1. fM.

35.–40. Runde: fM häkeln.

41. Runde: 1 Lftm, 1 Kett-M in jede M der Vor-Rd häkeln. Faden abschneiden und sichern.

ZUGBAND (2 x arb)

125 Lftm mit glattem Wollgarn und Häkel-Nd Nr. 4,5 und ein Band aus fM häkeln, wie auf Seite 97 beschrieben.

FERTIGSTELLUNG

Alle Fadenenden vernähen. Wenn nötig, den Beutel von links mit einem fast kalten Bügeleisen bügeln. Die beiden Zugbänder so durch die Lochreihe an der Oberkante des Beutels führen, dass die Enden jeweils an gegenüberliegenden Seiten herabhängen. Beide Enden jedes Zugbandes zusammennähen.

4. Kapitel
GALERIE

Aus ganz unterschiedlichen Quellen in aller Welt stammen die Häkelmodelle auf den folgenden Seiten, die Ihnen als Anregung dienen, Sie inspirieren und herausfordern sollen. Stöbern Sie in dieser Fundgrube an Farben, Formen, Mustern und Strukturen und erforschen Sie die vielfältigen Möglichkeiten, die im Häkeln, dieser wundervollen Handarbeitstechnik, stecken.

Gehäkelte Kleidungsstücke

Mit Häkelnadel und Garn lassen sich ganz unterschiedliche Kleidungsstücke anfertigen – zarte Spitzenmodelle für den Abend ebenso wie traditionelle warme, aber doch schicke Pullover für alle Tage. Die verschiedenen Maschen und Muster können Sie dabei als Flächenmuster einsetzen oder damit nach Lust und Laune experimentieren, um Unikate zu schaffen, die es nirgendwo zu kaufen gibt.

◂ SCHICKE SPIRALE
Kristin Omdahl

Eine große Spirale bildet den Blickfang auf dem Rückenteil dieses Mittelfdings zwischen Pullover und Umschlagtuch. Das Modell ist aus reiner Alpakawolle in Naturfarben gehäkelt. Es hat Ärmel im Rippenmuster und ist rundum mit Mäusezähnchen umhäkelt.

▸ FREI GEHÄKELTE ROTE JACKE
Margaret Hubert

Beim freien Häkeln (auch „Freeform Crochet" genannt) werden kleine Häkelmotive nach und nach miteinander verbunden. Unterschiedliche Muster, Strukturen und Farben machen jedes frei gehäkelte Modell zum Unikat.

Gehäkelte Kleidungsstücke 135

◄ JACKE UND GESTREIFTER ROCK
Kazekobo (Yoko Hatta)

Flott und frech wirkt dieses Ensemble aus einem Oberteil aus orangefarbenem Mohairgarn und einem schmalen, gestreiften Rock in passenden Garnfarben. Dabei wurde auf Details wie die Bindebänder mit Quasten großer Wert gelegt.

▲ KLEID IN IRISCHER HÄKELEI
Kazekobo (Yoko Hatta)

Dieses luftige Kleid aus feinem, elfenbeinfarbenem Baumwollgarn ist über und über mit kunstvoll gehäkelten Blüten, Trauben und Blättern in irischer Häkelei geschmückt. Den Saum des Kleides, das mit elfenbeinfarbenem Seidenstoff gefüttert ist, ziert eine gerüschte Muschelkante.

Mützen, Schals und Fäustlinge

In Häkeltechnik lassen sich kuschelweiche und zugleich praktische Mützen, Fausthandschuhe und Schals für den Winter perfekt anfertigen. Aber das ist noch längst nicht alles! Effektgarne, eine Rüschenborte, Noppen, Quasten oder Kordeln verwandeln Ihre Kreationen in witzige und modische Accessoires.

◄ USHANKA
Lajla Nuhic

Eine warme und kleidsame Mütze für den Winter mit praktischen Ohrenklappen und Bändern. Der obere Teil ist aus einem Mischgarn aus Mohair, Wolle und Polyamid gehäkelt, der untere aus einem handgefärbten Baumwollchenillegarn. Die spiralförmige Verzierung wurde nachträglich aufgehäkelt.

◄ RINGE
Lajla Nuhic

Für diese reizvolle Mütze aus festen Maschen wurden jeweils zwei verschiedenfarbige Fäden eines feinen Baumwollgarns zusammen verhäkelt. Die separat gehäkelten Ringe sind mittels Schlingen aus festen Maschen auf der Mütze befestigt.

► TUNESISCHER SCHAL
Jennifer Hansen

Der Schal aus dickem Garn mit zahlreichen Farbwechseln wurde der Länge nach gehäkelt. Die Fadenenden sind nicht vernäht, sondern bilden eine einfache, aber dekorative Fransenkante.

Mützen, Schals und Fäustlinge 137

▲ **GESTREIFTE FÄUSTLINGE**
Carol Meldrum

Die Fäustlinge aus dickem Garn mit zweifarbigem Streifenmuster wurden mit einer etwas dünneren Häkelnadel als üblich gehäkelt. Dadurch sind sie besonders fest und kompakt und halten die Hände zuverlässig warm.

▶ **ZICKZACKSCHAL**
Jan Eaton

Der stark strukturierte Schal ist der Länge nach in einem einfachen Rippenmuster gehäkelt. Als Material dienten verschiedene dickere und dünnere Garne sowie Effektgarne in einer Palette aus Blau-, Violett- und Mauve-Tönen. Die Fadenenden wurden zu einer Fransenkante verknotet.

Stolen, Ponchos und Dreieckstücher

Die topmodischen und beliebten Häkelstolen, -ponchos und -dreieckstücher gibt es in allen möglichen Formen vom edlen Accessoire für den Abend bis zum mollig warmen Begleiter durch den Winter. Entdecken Sie die verschiedenen Gestaltungs- und Dekorationsmöglichkeiten wie die freie Häkelei, flächige Spitzenmuster, Fransen oder das Spiel mit unterschiedlichen Strukturen.

▶ **PONCHO MIT STRUKTUR**
Margaret Hubert

Der witzige Poncho aus mehrfarbigem Effektgarn ist mit Häkelblüten und Fransen aus Garn und Chiffonstreifen verziert.

◀ **SPITZENSTOLA**
Jennifer Hansen

Diese Stola wird von der unteren Spitze aus nach oben gearbeitet und so raffiniert geformt, dass sie sich perfekt um die Schultern legt. Tagsüber passt sie zu Jeans und T-Shirt, abends macht sie ein Outfit aus trägerlosem Top und eleganter Hose partyfein.

▲ DREIECKSTUCH AUS SPITZENMOTIVEN

Dieses filigrane Spitzentuch aus Blütenmotiven zeigt, wie zart und fein Häkelarbeiten ausfallen können. Es ist mit langen, dekorativ verknoteten Fransen verziert.

▶ FREI GEHÄKELTER PONCHO
Margaret Hubert

Einzelne Häkelteile in unterschiedlichen Mustern, Garnen und Farben wurden für diesen Poncho zu einem einzigartigen Patchwork zusammengesetzt und mit langen Fransen umrandet.

Wohnaccessoires

Das Häkeln ist eine sehr vielseitige Technik zum Anfertigen von Wohnaccessoires, besonders großer Teile wie Decken und Überwürfe, die so leicht in einem Stück hergestellt werden können. Quadratische, runde und sechseckige Motive lassen sich gut zu Kissenhüllen und Tagesdecken verbinden, die eine persönliche Note in jedes Haus bringen.

▲ SPIRALNEBEL
Jennifer Hansen

Diese Kissenhülle war ursprünglich ein Übungsstück, an dem das Entwickeln, Häkeln und Verbinden von Spiralformen ausprobiert werden sollte. Die Farbwahl ist interessant: Der bewusste Einsatz kühler und warmer Farben hebt den Spiraleffekt zusätzlich hervor.

◀ SCHLICHTE DECKE MIT FRANSEN
Carol Meldrum

Die rechteckige Decke aus einem Woll-Mohair-Garn ist durchweg in Stäbchen gehäkelt und hat eine üppige Fransenkante aus dicker Merinowolle in einer kontrastierenden Farbe.

Wohnaccessoires | 141

◀ **SPITZENKISSEN**

In reinem und gebrochenem Weiß umhäkelte Kissen sehen in Gruppen auf einem Sofa oder einer Liege sehr effektvoll aus und passen besonders gut zum Landhausstil.

▼ **PFIFFIGES BODENKISSEN**
Carol Meldrum

Die Oberseite dieses Kissens ist aus vier gestreiften Rechtecken zusammengesetzt, deren Muster windmühlenartig arrangiert ist. Die einzelnen Felder sind in Stäbchen gehäkelt und demonstrieren, dass sich eine ganz bewusste Farbwahl lohnt.

Schmuck

Häkelschmuck setzt sich seit einigen Jahren als vielseitiges und raffiniertes Beiwerk durch. Was Sie heute in Fachgeschäften und auf den Laufstegen sehen, können Sie entweder aus herkömmlichen Garnen oder aus Silber- und flexiblem Basteldraht selbst häkeln. Die Möglichkeiten reichen von einer hübschen Ansteckblume bis zu Meisterstücken wie einer mehrreihigen, mit Perlen verzierten Halskette.

▸ KASKADE
Jenny Dowde

Für dieses außergewöhnliche Collier wurden verschiedene Perlen in zarten Violett- und Türkistönen auf feinen Draht aufgefädelt und mit festen Maschen und Stäbchen eingehäkelt.

◂ ▾ BLÜTENMOTIVE
Jennifer Hansen

Blütenmotive eignen sich als Broschen, können aber auch an Armbändern oder Halsketten befestigt werden. Die Knospe der Spinnenpflanze (links) besteht aus Popcornmaschen; bei der Margerite (unten Mitte) bilden Maschen unterschiedlicher Höhe die Sternform, während für die Blüte rechts unten Schlingenmaschen mit festen Maschen kombiniert wurden.

◂ SCHEIBCHEN-WEISE
Carol Meldrum

Eine Reihe runder Häkelmotive baumelt hier an einer Metallkette: Die Halskette ist ein echter Hingucker, der gut zu einem leichten Sommerkleid passt.

Schmuck 143

◀ HALSSCHMUCK AUS NOPPEN
A Colecionadora

Dieser fantastische Halsschmuck besteht aus Luftmaschenketten mit plastischen Noppen. Das ausgefallene Farbspektrum reicht von Preiselbeere über Scharlachrot und Fuchsia bis zu einem blassen Rosa.

▲ PERLENARMBAND
Carol Meldrum

Das hübsche Armband ist in festen Maschen aus einem feinen, aber dennoch stabilen Golddraht gehäkelt, auf den unterschiedlich große Perlen in mehreren Grau- und Grüntönen aufgezogen wurden.

Taschen

Häkeln ist die ideale Technik, um Taschen aller Art anzufertigen, denn dabei entsteht ein fester, haltbarer Stoff, der seine Form auch während des Gebrauchs gut hält. In Runden oder in einzelnen Teilen gearbeitet, bietet eine Häkeltasche die Möglichkeit, in kleinem Maßstab mit Farben, unterschiedlichen Garntypen und Strukturen zu experimentieren.

▲ FANTASIEGARTEN
Jenny Dowde

Für diese Tasche wurden handtellergroße Stücke in verschiedenen Grundmaschen wie festen Maschen, Stäbchen und Doppelstäbchen sowie eingestreuten Strukturmaschen, zum Beispiel Noppen, gearbeitet. Anschließend wurden die Teile angeordnet und mit der Hand zusammengenäht.

▲ KATZENTASCHE
Carol Ventura

Diese Tasche ist mit festen Maschen in Runden gehäkelt. Die Technik des mehrfarbigen Häkelns wird als Tapisseriehäkelei bezeichnet und stammt aus Guatemala und Teilen Südamerikas.

◀ ZICKZACKTASCHE
Carol Meldrum

Leuchtende, freche Farben setzen auf der Vorderseite dieser Häkeltasche mit Bambushenkeln deutliche Akzente. Das Muster entsteht durch tiefgestochene Maschen auf einem Grund aus festen Maschen.

Taschen • Puppen und Tiere 145

Puppen und Tiere

Weiche Kuscheltiere und Anziehpuppen gehören seit jeher zu den Lieblingsspielsachen vieler Kinder. Aus feinem Garn lassen sich wundervolle Outfits für alte und neue Puppen, aber auch niedliche Teddys und andere Tiere häkeln.

◄ **FLAUSCHHÄSCHEN**
Dennis Hansbury und Denika Robbins

Tiere im japanischen Amigurumi-Stil werden in Runden mit festen Maschen gehäkelt und so fest ausgestopft, dass sie die Form halten. Dieses Flauschhäschen hat Glasaugen und ein einfaches, aufgesticktes Mäulchen.

▲ **ANZIEHPUPPE**
Drew Emborsky

Die Designerin hat eine alte Puppe aus dem Jahr 1949 mit einem gerüschten Häkelkleid, Spitzenunterrock und passendem Hut ausgestattet. Die Kleidungsstücke wurde mit festen Maschen, halben Stäbchen und Stäbchen aus Sockengarn gearbeitet.

◄ **HÄSCHEN BINKY**
Dennis Hansbury und Denika Robbins

Binky ist ebenfalls ein ausgestopftes Kuscheltier im beliebten japanischen Amigurumi-Stil. Er hat zwei unterschiedliche Augen und den ausdruckslosen Blick, der für diesen Stil typisch ist.

SO PFLEGEN SIE IHRE HÄKELARBEITEN RICHTIG

Wenn Sie bei der Arbeit einige einfache Dinge beachten, sehen Ihre Häkelarbeiten auch während ihrer Entstehung immer frisch und sauber aus. Nach der Fertigstellung sollten Sie Ihr Werk gemäß den Pflegehinweisen des Garnherstellers waschen. Wichtig ist auch die sorgfältige Aufbewahrung.

WÄHREND DER ARBEIT

Waschen Sie sich stets gründlich die Hände, bevor Sie zu häkeln beginnen, und verwenden Sie keine Handcreme, denn das darin enthaltene Fett würde auf das Garn übertragen. Beim Häkeln mit hellen Garnen sollten Sie keine dunkle Kleidung tragen, die auf Ihre Häkelarbeit fusseln könnte. Am schlimmsten sind in dieser Hinsicht Angora- oder Mohairpullover, deren winzige Härchen sich in der Häkelei verfangen. Vermeiden Sie nach Möglichkeit auch den Kontakt Ihrer Arbeit mit Katzen- oder Hundehaaren, denn sie sind nur schwer wieder zu entfernen.

Nach Beendigung eines Häkelprojektes sollten Sie einen Rest des Garns für eventuell notwendige Flickarbeiten aufbewahren. Sie können beispielsweise Garn um ein Stück Karton wickeln, auf dem Sie Informationen über das Garn, seine Farbe und das Projekt selbst notieren. Es bewährt sich auch, eine Garnbanderole an den Karton anzuheften, um die Angaben zur Materialzusammensetzung und die Pflegehinweise stets griffbereit zu haben. Bewahren Sie diese Karten in einer staubdichten Schachtel an einem kühlen, trockenen Ort auf.

PFLEGE FERTIGER MODELLE

Befolgen Sie die Wasch- und Bügelanleitung auf der Banderole des Garnes, das Sie verwendet haben (siehe auch Seite 20). Wenn das Garn maschinenwaschbar ist, stecken Sie Ihr Modell in einen Wäschebeutel, damit es während des Waschgangs nicht gedehnt wird oder sich verhakt. Anstelle eines Wäschebeutels können Sie auch einen alten, sauberen, weißen Kissenbezug verwenden, sollten dann aber die Öffnung mit einem Haargummi verschließen oder eine Runde Vorstiche rund um die Öffnung arbeiten und den Faden zusammenziehen. Bei Tischdecken oder anderen Haushaltstextilien, die mit Häkelspitzen verziert sind, sollten Sie Flecken möglichst rasch behandeln und eventuelle Schäden vor dem Waschen ausbessern. Häkelarbeiten aus Garnen, die nicht maschinenwaschbar sind, waschen Sie von Hand in lauwarmem Wasser mit etwas Feinwaschmittel. Die meisten Wollwaschmittel eignen sich dafür hervorragend, doch sollten Sie unbedingt darauf achten, dass keine Aufheller enthalten sind, denn dadurch können die Farben verblassen. Spülen Sie Ihr Modell mehrere Male gründlich in Wasser derselben Temperatur wie das Waschwasser, damit das Garn nicht verfilzt. Anschließend drücken Sie das Wasser so gut wie möglich aus, ohne die Handarbeit auszuwringen, rollen das Modell in ein Handtuch ein und drücken es noch einmal aus. Zum Trocknen legen Sie die Arbeit flach im Schatten aus und ziehen sie in Form. Sobald sie trocken ist, bügeln Sie sie nach den Anweisungen auf der Garnbanderole.

Bewahren Sie die Garnbanderole wegen der Pflegehinweise auf

Auf einer Karteikarte können Sie alle wichtigen Informationen zu Ihrem Häkelmodell zusammenfassen

Notieren Sie Detailinformationen zu Ihrem Projekt

Ein Garnrest leistet Ihnen für eventuell notwendige Reparaturen gute Dienste

So pflegen Sie Ihre Häkelarbeiten richtig | 147

HANDWÄSCHE	MASCHINENWÄSCHE	BLEICHE	BÜGELN	REINIGUNG
Nicht waschen	Normalwaschgang bei der angegebenen Temperatur	Chlorbleiche nicht möglich	Nicht bügeln	Keine chemische Reinigung
Handwäsche	Schonwaschgang bei der angegebenen Temperatur (hier: 30 °C)	Chlorbleiche möglich	Bei schwacher Temperatur bügelnn	Reinigung mit allen chemischen Lösemitteln möglich
	Schonwaschgang bei der angegebenen Temperatur (hier: 40 °C)		Bei mittlerer Temperatur bügeln	Reinigung mit Perchloräthylen möglich (= Standardreinigung)
			Bei hoher Temperatur bügeln	Reinigung nur mit Kohlenwasserstoff-Lösemitteln möglich (F = engl. „flammable" = entzündlich)

Beachten Sie die Pflegehinweise auf der Garnbanderole. Die gebräuchlichsten Pflegesymbole für Häkelgarne finden Sie links erklärt.

AUFBEWAHRUNG

Die schlimmsten Feinde aller Häkelarbeiten sind – von Staub und Schmutz einmal abgesehen – direktes Sonnenlicht, das die Farben ausbleichen und die Fasern mürbe werden lässt, extreme Hitze, die das Garn trocken und brüchig macht, Feuchtigkeit, die das Garn zum Modern bringt, und Motten, die schweren Schaden an Wollgarnen anrichten können. Bewahren Sie Garne oder fertige Häkelarbeiten niemals für längere Zeit in Plastiktüten auf, denn der Kunststoff zieht Staub und Schmutz an, die sich auf die Handarbeit übertragen. In Plastikbeuteln können außerdem Naturfasern wie Baumwolle oder Leinen nicht atmen, sodass die Fasern Schimmel ansetzen können. Kleinere Modelle hüllen Sie am besten in säurefreies, weißes Seidenpapier oder einen alten Kissenbezug. Große, schwere Stücke wie Winterjacken oder -pullover, die auf Bügel gehängt ausleiern könnten, falten Sie sorgfältig mit Zwischenlagen aus Seidenpapier. Achten Sie vor allem darauf, dass alle Faltstellen mit Seidenpapier gepolstert sind. Bewahren Sie alle Modelle in einer Schublade, einem Schrank oder an einem anderen dunklen, trocknen und mottenfreien Platz auf. Kontrollieren Sie die so gelagerten Handarbeiten immer wieder und legen Sie dabei größere Modelle neu zusammen. Bewährt haben sich auch kleine, mit Lavendelblüten gefüllte Säckchen in der Schublade oder dem Schrank mit Ihren Häkelarbeiten, denn der Lavendelduft hält Motten fern.

Müssen Häkelarbeiten für längere Zeit gelagert werden, schlägt man sie am besten in weißes, säurefreies Seidenpapier ein.

ABKÜRZUNGEN UND HÄKELSYMBOLE

Auf diesen beiden Seiten finden Sie die Abkürzungen und Symbole, die in diesem Buch verwendet wurden. Da es keinen internationalen Standard für diese Zeichen gibt, können sich die Symbole von einem Buch zum anderen unterscheiden.

ABKÜRZUNGEN IN HÄKELANLEITUNGEN

A-BM	Anfangs-Büschelmasche
arb	arbeiten
Bg	Bogen
BM	Büschelmasche
DStb	Doppelstäbchen
fM	feste Masche(n)
folg	folgende(n)
fortlfd	fortlaufend
hStb	halbes Stäbchen
Kett-M	Kettmasche(n)
Lftm	Luftmasche(n)
M	Masche(n)
PaiM	Paillettenmasche
PM	Perlmasche
R	Reihe(n)
Rd	Runde(n)
RStbh	Reliefstäbchen hinten (von hinten nach vorne um die M der Vor-R herum einstechen)
RStbv	Reliefstäbchen vorne (von vorne nach hinten um die M der Vor-R herum einstechen)
Stb	Stäbchen
tgM	tiefgestochene Masche(n)
U	Umschlag
übg	übergehen
wdh	wiederholen

HÄKELSYMBOLE

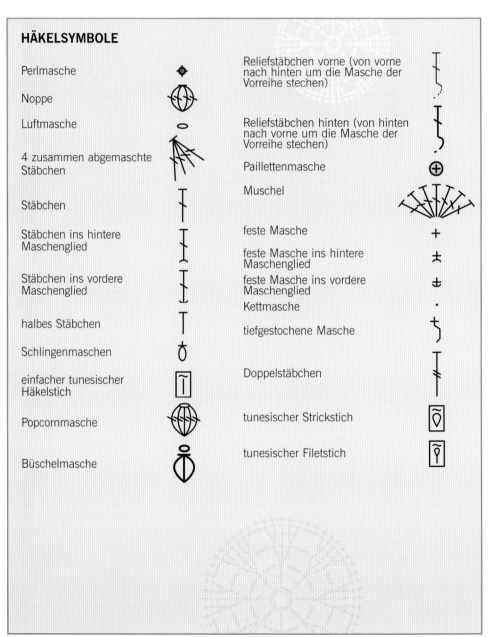

ZUSÄTZLICHE SYMBOLE

Farbwechsel	⧫
Arbeitsrichtung	→
Nicht wenden!	↱↲
Faden abschneiden	◀
Grundreihe	**GR**
Faden anschlingen	◁

UNTERSCHIEDLICHE SYMBOLE UND ABKÜRZUNGEN

Die Häkelsymbole können von einer Handarbeitszeitschrift zur anderen und von Buch zu Buch leicht variieren. So wird beispielsweise die feste Masche manchmal als x oder als kurzer Strich dargestellt, die Kettmasche bisweilen als kleiner Bogen.
Auch die Abkürzungen unterscheiden sich. Das Wort Luftmasche wird zum Beispiel nicht immer mit Lftm, sondern unter anderem mit Luft-M oder Lm abgekürzt. Zu jeder Anleitung gibt es aber normalerweise ein Abkürzungsverzeichnis und eine Zeichenerklärung für die Häkelschrift. Manchmal steht diese Legende direkt bei der Anleitung. In Zeitschriften oder Büchern werden jedoch die Symbole und Abkürzungen oft gesammelt auf einer eigenen Seite erklärt.
Schlagen Sie die Erläuterung der Häkelzeichen und Abkürzungen nach, bevor Sie mit der Arbeit an Ihrem Projekt beginnen, und merken Sie sich die Angaben, die in Ihrer Anleitung vorkommen. Sie werden sehen: Schon nach kurzer Zeit sind Ihnen die Angaben in Fleisch und Blut übergegangen.

KOMBINIERTE UND ABGEWANDELTE HÄKELSYMBOLE

Beschreibung	Symbol	Erläuterung
oben verbundene Symbole		Eine Gruppe von Symbolen kann an der Spitze verbunden sein. Das bedeutet, dass diese Maschen zusammen abgemascht werden sollen.
unten verbundene Symbole		Am unteren Ende verbundene Symbole stehen für Maschen, die in dieselbe Einstichstelle gearbeitet werden.
oben und unten verbundene Symbole		Noppen, Büschelmaschen und Popcornmaschen werden am oberen und am unteren Ende verbunden gezeichnet.
im Bogen angeordnete Symbole		Je nach Musteraufbau können mehrere Motive zu einem Bogen angeordnet sein.
abgewandelte Symbole		Manche Symbole sind langgezogen, gerundet oder laufen spitz zu, um anzugeben, wo die Häkelnadel einsticht, etwa bei tiefgestochenen Maschen.

GARNSTÄRKEN, MASCHENPROBEN UND NADELSTÄRKEN

Garnstärke	extra fein	fein	dünn	mittel	dick	extra dick
Maschenprobe auf 10 cm in festen Maschen	23–32 Maschen	16–20 Maschen	12–17 Maschen	11–14 Maschen	8–11 Maschen	5–9 Maschen
Empfohlene Häkelnadelstärke	2–3,5	3,5–4,5	4,5–5,5	5,5–6,5	6,5–9	9 und stärker

Die Angaben in dieser Tabelle beziehen sich auf die gebräuchlichsten Maschenproben und Häkelnadelstärken für bestimmte Garnkategorien.

extra fein • *mittel* • *dick*
fein • *dünn* • *extra dick*

Häkelnadeln gibt es in vielen verschiedenen Stärken, Formen und Materialien.

GLOSSAR

Anfangsluftmasche(n)
Eine bestimmte Zahl von Luftmaschen, die am Rundenbeginn gearbeitet wird, um die Häkelnadel auf die richtige Höhe für die nächste zu häkelnde Masche zu bringen.

Anleitung
Text, der die Anfertigung eines Häkelmodells Schritt für Schritt beschreibt; oft durch Schnitte, Häkelschriften oder Zählmuster ergänzt.

Anschlagkette
Luftmaschenkette, die als Basis für eine Häkelarbeit dient.

Borte
Dekorativer Häkelstreifen, meist mit einer geraden und einer geformten Kante. Wird zur Verzierung an gehäkelten oder aus Stoff genähten Modellen angebracht.

Büschelmasche
Mehrere halbe Stäbchen, die in dieselbe Einstichstelle gearbeitet und zusammen abgemascht werden.

Einstecketikett
Siehe Garnbanderole.

Fächer
Mehrere Maschen, die in dieselbe Einstichstelle gehäkelt wurden und eine Fächer- oder Muschelform bilden.

Farbpartie
Das Farbbad, in dem ein bestimmter Garnknäuel gefärbt wurde. Die Schattierung kann von einem Farbbad zum anderen leicht variieren, deshalb sollten Sie für ein Modell nur Knäuel derselben Farbpartie verwenden, die durch die Farbpartienummer angegeben wird.

Faser
Natürliche oder synthetische Substanz, die zu Garn versponnen werden kann.

Filethäkelei
Filetmuster entstehen aus gefüllten Kästchen auf einem Hintergrund aus leeren Kästchen. Normalerweise arbeitet man sie nach einem Zählmuster und nicht nach einer schriftlichen Anleitung.

Garnbanderole
Papierstreifen um einen Knäuel oder Strang Garn; gelegentlich auch als Einstecketikett. Auf der Banderole bzw. dem Etikett finden Sie wichtige Informationen zu Ihrem Garn wie Knäuelgewicht, Farbnummer, Farbpartienummer, Materialzusammensetzung und Lauflänge. Meistens werden auch Pflegehinweise sowie die empfohlene Nadelstärke angegeben.

Grundreihe
Erste Häkelreihe, die in die Anschlagkette gearbeitet wird. Die Grundreihe wird normalerweise nicht als Teil des Musterrapports wiederholt.

Häkelkante
Dekorativer Abschluss, der direkt in den Rand des Häkelteils gearbeitet wird.

Häkelmotiv
Häkelteil in einer bestimmten Form – z.B. Quadrat, Kreis oder Sechseck –, das normalerweise in Runden gearbeitet wird. Mehrere Motive können ähnlich wie Patchwork zu einem größeren Teil zusammengesetzt werden.

Häkelmuster
Eine Abfolge oder Kombination von Häkelmaschen, die fortlaufend wiederholt wird, um eine Häkelarbeit zu gestalten.

Häkelschrift
Grafik, die ein Häkelmuster durch Symbole darstellt. Diese Zeichen entsprechen den verschiedenen Maschentypen. In der Häkelschrift ist eingezeichnet, wo und wie man die Maschen arbeitet und miteinander kombiniert.

Häkelspitze
Filigrane Häkelarbeit, die an Klöppelspitze erinnert.

Intarsientechnik
Beim Häkeln in Intarsientechnik werden verschiedene Farbflächen jeweils mit eigenen Garnknäueln nach einer farbigen oder schwarz-weißen Zählvorlage gehäkelt. Jedes farbige oder mit einem bestimmten Symbol versehene Kästchen der Vorlage entspricht einer Masche.

Jacquardtechnik
Jacquardmuster ähneln Intarsienmustern, doch wird in diesem Fall der nicht gebrauchte Faden die Reihe entlang mitgeführt und nicht jede Musterfläche mit einem eigenen Knäuel gearbeitet. Auch Jacquardmuster werden nach einer Zählvorlage gehäkelt. Jedes Kästchen der Vorlage entspricht einer Masche.

Kettmaschen aufhäkeln
Reihen von Kettmaschen (bisweilen auch von festen Maschen), die auf einen gehäkelten Untergrund aufgehäkelt werden.

Linke Seite
Die Rückseite einer Häkelarbeit, die Sie in Rückreihen vor Augen haben. Beim fertigen Modell ist diese Seite nicht sichtbar.

Litze
Häkelstreifen, der einzeln gehäkelt und zur Dekoration auf eine Häkelarbeit oder auf einfarbigen Stoff genäht wird.

Luftmaschenbogen
Bogen aus meist mehreren Luftmaschen zwischen anderen Maschen. Wird bisweilen auch als Luftmaschenzwischenraum bezeichnet.

Masche(n) abnehmen
Die Maschenzahl um eine oder mehrere Maschen reduzieren.

Masche(n) zunehmen
Die Maschenzahl um eine oder mehrere Maschen erhöhen.

Maschenprobe
Wie locker oder fest ein Häkelteil gearbeitet ist, lässt sich an der spezifischen Zahl von Reihen und Maschen in einem bestimmten Bereich (meist 10 x 10 cm) erkennen.

Motivhäkelei
Technik, bei der aus mehreren Häkelmotiven (siehe dort) ein größeres Teil zusammengesetzt wird.

Musterrapport
Eine bestimmte Zahl von Maschen und Reihen oder Runden, die notwendig ist, um das Muster einmal ganz zu häkeln.

Nähnadel
Nadel mit Spitze zum Anbringen von Häkelborten, -spitzen oder -tressen an einem Stoffteil.

Naht
Verbindung zweier Häkelteile durch Zusammennähen oder -häkeln.

Netzmuster
Häkelmuster mit regelmäßigen, netzartigen Durchbrüchen.

Noppe
Mehrere Maschen, die in dieselbe Einstichstelle gehäkelt und zusammen abgemascht werden, sodass eine dekorative Erhebung entsteht. Noppen werden oft auf einem Untergrund aus niedrigeren Maschen gehäkelt.

Pikot
Auch Mäusezähnchen genannt. Dekoratives Luftmaschenringlein, das oft durch eine Kettmasche geschlossen wird. Die Zahl der Luftmaschen kann variieren.

Rechte Seite
Die Vorderseite einer Häkelarbeit, die Sie beim Häkeln der Hinreihen vor Augen haben. Normalerweise die Schauseite der fertigen Häkelarbeit, wenngleich manche Häkelmuster beidseitig verwendbar sind.

Reihe
In einer Linie von einer Seite der Arbeit zur anderen gehäkelte Maschen an einem flachen Häkelteil.

Runde
Häkelreihe, die im Kreis gearbeitet wird: Das Rundenende wird mit dem Beginn derselben Runde verbunden. In Runde gearbeitete Häkelteile können kreis- oder schlauchförmig sein.

Schlingenhäkelei
Spezielle Häkeltechnik, bei der man außer einer Häkelnadel einen dickeren Rundstab oder eine dicke Stricknadel benötigt.

Spannen
Ein Häkelteil mit Stecknadeln auf einer ebenen Fläche in Form aufstecken. Anschließend wird die Häkelarbeit mit dem Dampfbügeleisen gebügelt oder mit kaltem Wasser angefeuchtet und muss aufgespannt trocknen.

Sticknadel ohne Spitze
Große Nadel mit stumpfer Spitze; dient zum Zusammennähen von Häkelteilen.

Tiefgestochene Masche
Dekorative Masche, für die man die Häkelnadel eine oder mehrere Reihen unterhalb der normalen Position oder rechts oder links davon einsticht.

Tresse
Schmaler, dekorativer Häkelstreifen, der einer gekauften Polstertresse ähnelt.

Tunesische Häkelei
Spezielle Häkeltechnik, die mit einer besonderen Häkelnadel gearbeitet wird. Tunesische Häkelarbeiten werden in Reihen gearbeitet, jedoch ohne dass die Arbeit gewendet wird.

Wendeluftmasche(n)
Eine bestimmte Zahl von Luftmaschen, die am Reihenbeginn gearbeitet wird, um die Häkelnadel auf die richtige Höhe für die nächste zu häkelnde Masche zu bringen.

Wollnadel
Stumpfe Nadel mit großem Ohr; wird außer zum Vernähen auch zum Zusammennähen von Häkelteilen verwendet.

Zusammen abmaschen
Werden mehrere Maschen nur unvollständig gehäkelt und dann auf einmal fertiggestellt, nennt man das Durchziehen des Arbeitsfadens durch alle Schlingen auf der Häkelnadel „zusammen abmaschen".

EIGENE MODELLE

Größe:

Garn:

Material-
zusammensetzung:

Lauflänge:

Menge/Farbe:

Häkelnadelstärke:

Quelle (Zeitschrift, Buch,
eigener Entwurf):

Projekt:

Notizen:

EIGENE MODELLE

Größe:

Garn:

Material-
zusammensetzung:

Lauflänge:

Menge/Farbe:

Häkelnadelstärke:

Quelle (Zeitschrift, Buch,
eigener Entwurf):

Projekt:

Notizen:

EIGENE MODELLE

Größe:
_____

Garn:
_____

Material-
zusammensetzung:
_____
_____

Lauflänge:
_____

Menge/Farbe:
_____
_____

Häkelnadelstärke:
_____

Quelle (Zeitschrift, Buch, eigener Entwurf):
_____
_____

Projekt:
_____

Notizen:
_____
_____
_____
_____
_____
_____
_____
_____
_____

EIGENE MODELLE

Größe:

Garn:

Material-
zusammensetzung:

Lauflänge:

Menge/Farbe:

Häkelnadelstärke:

Quelle (Zeitschrift, Buch, eigener Entwurf):

Projekt:

Notizen:

REGISTER

A
Abketten, tunesische Häkelarbeit 90
Abkürzungen 148, 149
Abnahmen 36, 37
Anfangsluftmaschen 15
Anfangsschlinge 13
Anleitung, Häkeln nach 24
Anleitungstexte verstehen 24
Anziehpuppe 145
Armband 143
Astrachanmuster 48, 49

B
Babydecke 120
Bänder 96, 97
Beutel, gestreifter 130
Blüten 99–101
– mehrlagige 100, 101
– Rüschen- 99, 101
Blüten, winzige 57
Blütenmotive 142
Blütenquadrat 80
Bodenkissen 141
Borten 106
Bügeln 26
Büschelmaschen 46, 47, 77

C
Collier 142

D
Decke mit Fransen 140
Doppelstäbchen 19
Dreieckstuch 139
Dreifaltigkeitsmuster 39, 119

F
Fächer, versetzte 39
Fächerspitze 53
Faden
– ansetzen 22
– beenden 23
– halten 12
Fadenenden sichern 23
Fadenring 73
Fäustlinge 137
feste Masche 16
– Verbindung mit festen M. 29
Filetborte, breite 108
Filetgrund 111
– einfacher 51
Filethäkelei 54
– Stola 122
Filetmuster 50, 119
– Blüten, winzige 57
– Fantasie- 52
– Herz 57
– Katze, sitzende 57
– Schachbrettmuster 57
Filetstich, tunesischer 91
Filettechnik 54
Flechtmuster 65
Fransen 106, 109

G
Gabelhäkelei 94
Galerie 132
Garn 11
Garnbanderole 26
Garnhäkelnadel 10
Garnstärke 150

Gittergrund, kleiner 111
Glossar 151
Großmutters Quadrat 82
Großmutters Sechseck 87
Grundtechniken 12

H
Häkelarbeiten
– aufbewahren 147
– aufstecken 27
– pflegen 146
– schlauchförmige 70
Häkelei
– freie 134, 139, 144
– tunesische 88
Häkelgabel 94
Häkelmotive
– Babydecke 120
– kreisförmige 72
– quadratische 78
– sechseckige 83
– verbinden 73, 79, 84
Häkeln auf Häkelgrund 110
Häkelnadel 10, 12
– tunesische 88
Häkelnadelstärke 150
Häkelschriften lesen 25
Häkelstich, einfacher tunesischer 88
Häkelsymbole 148, 149
Häkelteile verbinden 28
halbe Stäbchen 17
Halskette 142
Halsschmuck 143
Häschen 145
Herz 57

I

Intarsienblöcke 69
Intarsienmuster 68
Intarsientechnik 68
– Topflappen 126

J

Jacke und gestreifter Rock 135
Jacke, frei gehäkelte 134
Jacquardkaros 67
Jacquardmuster 66
Jacquardstreifen 67
Jacquardtechnik 66

K

Kanten
– dekorative 102
– saubere 37
Karotresse 107
Katze, sitzende 57
Katzentasche 144
Kettenstich 28
Kettmaschen 15
– aufhäkeln 110
– Verbindung mit K. 29
Kissenhülle 140, 141
– aus Sechsecken 128
Klammern 24
klassisches Sechseck 85
Kleid in irischer Häkelei 135
Kleidungsstücke, gehäkelte 134
Knopflöcher 104
Knopfschlaufen 104, 105
Kordeln 96
– runde 97
Korkenzieherfransen 109

Kreis im Quadrat 81
Kreismotiv
– aus Büschelmaschen 77
– aus Stäbchen 75
– mit Ringelmuster 75
Kreismotive verbinden 73

L

Lauflänge 10
Litzen 106
Luftmaschen 13
– zählen 12, 14
Luftmaschenanschlag mit Sicherheitsreserve 107
Luftmaschenkette 13
– häkeln in die L. 14
Luftmaschenring 72

M

Markierungsring 12
Masche, feste 16
Maschen
– abnehmen 36, 37
– tiefgestochene 62
– versetzte tiefgestochene 63
– zunehmen 36
– zusammen abmaschen 38
Maschenglied 34
Maschenprobe 20, 150
Maßband 11
Matratzenstich 28
Muschelborte 108
Muschelgitter 52, 119
Muschelkante 102
Muschelmuster 40, 41
Muscheln 40, 41

Muster 31
Mützen 136

N

Nadelstärke 10, 150
Nähte 28
Naturfasern dämpfen 27
Netzmuster 50, 51
Noppen 42, 43

O

Oberkanten verbinden 28

P

Pailletten einhäkeln 114
Paillettenstreifen 115
Perlen
– einhäkeln 112
– über Perlen 113
– versetzte 113
Perlenarmband 143
Perlhäkelei 112
Pflege 146
Pflegehinweise 147
Pikotkante 102
Poncho 138, 139
Popcornmaschen 44, 45
Probequadrat 20
Projekte 117
Puppe 145

Q

Quadratmotive 78

R

Rad im Sechseck 86

Randborten 107
Reliefmaschen 64
Ringelmuster, Kreismotiv 75
Rippenmuster 34, 35
Rock, gestreifter 135
Rückstich 28
runde Kordel 97
Runden
– Häkeln in R. 72
– schließen 73
Rüschenblüte 99, 125

S
Säulen, plastische 65
Schachbrettmuster 57
Schal 118, 136, 137
Schere 11
schlauchförmige Häkelarbeiten 70
Schlingenborte 109
Schlingenhäkelei 92
Schlingenmaschen 48
Schlingenmuster 48, 49
Schmuck 142
Sechseck
– Großmutters 87
– klassisches 85
– Rad im S. 86
Sechsecke, Kissenhülle 128
sechseckige Motive 83
– verbinden 84
Sonnenrad 76
Spannen 26
Speichenrad 74
Spirale 134
– einfache 98
– gestreifte 99

Spiralrunden 70
Spitzenkissen 141
Spitzenmuster 50
Spitzenstola 138
Stäbchen 18
– Doppel- 19
– halbe 17
Stecknadeln 11
Sternchen 24
Stola 138
– in Filethäkelei 122
Streifen häkeln 32
Streifenmuster 32, 33
– aus Schlingenmaschen 49
– aus Stäbchen 60
– in Jacquardtechnik 67
– mit Pailletten 115
– mit tiefgestochenen Maschen 63
Streifenrapport 33
Strickstich, tunesischer 91
Synthetikfasern spannen 27

T
Tasche 144
– Fantasiegarten 144
– Katzen- 144
– mit Knopflochgriff 124
– Zickzack- 144
Techniken 31
tiefgestochene Maschen 62
– Streifen 63
– versetzte 63
Tiere 145
Topflappen in Intarsientechnik 126
Tressen 106, 107
tunesische Häkelarbeit abketten 90

tunesische Häkelei 88
tunesischer Filetstich 91
tunesischer Häkelstich, einfacher 88
tunesischer Strickstich 91

V
Vernähen 23
Verzierungen 98

W
Wellenmuster 60, 119
– aus Stäbchen 61
Wendeluftmaschen 14, 15
Wohnaccessoires 140
Wollhäkelnadel 1
Wollnadel 11

Z
Zackenmuster 58
– aus festen Maschen 59
– aus Stäbchen 61
Zählmuster lesen 25
Zauberstreifen 33
Zeichenerklärung 148, 149
Zickzackschal 137
Zickzacktasche 144
Zunahmen 36
Zusammennähen, Motive 78
Zylinder
– aus festen Maschen 70
– aus Stäbchen 71

QUELLENNACHWEIS

WEBSEITEN DER DESIGNERINNEN UND DESIGNER

Dennis Hansbury and Denika Robbins
www.vagrantaesthetic.com

Jenny Dowde
www.jennydowde.com

Drew Emborsky
www.thecrochetdude.biz

Yoko Hatta
www.kazekobo.net

Jennifer Hansen
www.stitchdiva.com

Margaret Hubert
www.margarethubertoriginals.com

Carol Meldrum
www.beatknit.co.uk

Lajla Nuhic
www.lajla.ca

Kristin Omdahl
www.styledbykristin.com

Carol Ventura
www.tapestrycrochet.com

FOTOS

S. 143 links: © Getty Images
S. 141 links: © Michael Boys/Corbis
S. 139 links: © Deborah Jaffe/Stone+/Getty Images
S. 135 links und rechts: © Nichon Vogue Co., Ltd.

Alle übrigen Fotos und Illustrationen: © Quarto Publishing plc

Der Verlag hat sich bemüht, alle Inhaber eventueller Bildrechte ausfindig zu machen. Sollte das in Einzelfällen nicht gelungen sein, bitten wir um Mitteilung, um den Fehler in künftigen Ausgaben korrigieren zu können.

Autorin und Verlag danken den Models Isabelle Crawford und Kryssy Moss für ihre Mitarbeit.